A AIX, de l'Imprimerie de la Veuve de JOSEPH SENEZ. 1731

MÉMOIRE INSTRUCTIF,

POUR MESSIRE FRANCOIS CADIERE, Prêtre de la Ville de Toulon, Appellant du Decret d'assigné contre lui rendu le 23. Fevrier dernier, & de ce qui s'en est ensuivi, & demandeur en Requête d'adherance à l'Apel comme d'abus relevé par la Demoiselle Cadiere sa Sœur, de la Procedure faite à la Requête du Promoteur en l'Evêché de Toulon.

CONTRE

Monsieur le Procureur du Roy, Intimé & Défendeur.

RIEN n'est plus douloureux pour un Innocent que de se voir d'abord confondre avec le Coupable. L'incertitude des Jugemens des Hommes a quelque chose de moins accablant pour luy. Le témoignage de la conscience; l'équité & les lumieres de ses Juges; qui le rassurent sur l'avenir, ne font que l'iriter sur le present, & le plongent même dans le desespoir. Telle est la triste situation où nous sommes. Parmi les malheurs dont nous voyons nôtre Famille accablée, l'odieux & l'injuste pararelle de deux Prêtres, chargez du même Decret dans la même Cause, n'est pas ce qui nous afflige le moins. En effets, si la Loi & les Ordonnances veulent qu'on mesure les Decrets sur les Charges, ne semble-t il pas qu'on puisse nous croire coupables de Crimes aussi-graves que le Pere Girard, puisque nous sommes sous la même peine?

C'est pour répousser une idée aussi désavantageuse, que nous entreprenons aujourd'hui nôtre défense: Nous n'avons besoin pour y réüssir que d'examiner scrupuleusement & avec severité même ce qui peut avoir donné lieu à nôtre Decret.

Le Public qui a dêja vû, avec une juste indignation, une Vierge Chrêtienne, seduite sous le faux dehors de la plus sublime perfection, ne sera sans doute pas moins touché en voyant tous ceux qui composent son infortunée Famille , flétris en particulier, ce que la Religion a de plus respectable immolé, pour innocenter le plus Criminel de tous les Homme, & le Sacerdoce même attache au triomphe du Vice.

Mais qu'est ce donc qui pourroit avoir donné lieu aux maux dont nous nous plaignons ? Nôtre crédulité, fondée sur l'Autorité de l'Eglise, des Conciles, des Peres, des Lois Civiles & Canoniques , & géneralement de tous les Docteurs, auroit elle parû suspecte ? Est ce un crime que d'avoir prêté à nôtre Sœur des attentions que la charité fraternelle & la societé civile exigeoient ? Ou enfins serions-nous coupables aprés avoir reconnu le précipice affreux ou nôtre Ennemi l'avoit entraînée, de lui avoir tendu un bras secourable pour l'en retirer, en lui dispensant dans les plus pressans besoins les remedes dont l'Eglise nous a fait les dépositaires ? Nouveau genre de Crimes, & qu'il étoit reservé à nos Adversaires de mettre au jour.

Nous allons montrer qu'ils n'ont d'autre fondement que l'interêt qu'on a eu de leur en donner.

Peut-être est il à craindre que dans une Cause aussi odieuse, nous ne sortions des justes bornes; mais qui ne le sçait ? *Verba innocenti reperire facile est; modum verborum misero tenere difficile. Itaque intèr optimam conscientiam, & iniquissimam fortunam destitutus, ignoro quomodo & animo meo, & tempori paream.*

Pour prendre un milieu dans des circonstances aussi délicates, nous reprimerons les mouvemens de la plus juste animosité : Nous nous resserrerons dans une légitime défense; & pour convaincre l'Accusé que nous n'avons d'autre vûë que celle de faire éclater nôtre innocence, on veut bien se faire une loy de rejetter tout ce qui pourroit être étranger à la Cause, quelque trait de ressemblance qu'il pût y avoir. Nous passerons légerement sur tout ce qui pourroit blesser la bienséance, & nous luy dirons avec un illustre Payen : *Stupra & flagitta omittum; sunt quædam quæ honestè non possum dicere; tu autem eò liberior, quòd ea amisisti quæ à verecundo inimico audire non posses.* Et si nous sommes forcez à remettre au jour tous les crimes dont il est convaincu, ce ne sera que pour mieux faire sentir l'injustice de nôtre Décret.

FAIT DU PROCEZ.

Messire François Cadiere, Frere à la Demoiselle Catherine, si connuë par ses malheurs, vint au monde le 7. Juillet 1706. La nature, qui se plaît souvent à peindre sur le front des hommes leur interieur, luy donna une de ces phisionomies qui annoncent l'innocence & la candeur. Il fut élevé dans son enfance sous les yeux d'une Mere, dont la plus chere occupation étoit l'éducation de sa Famille : Il fit ses premieres études dans le College de cette Ville, où en se formant aux belles Lettres, il conserva cette pureté de mœurs si rare dans le siécle, & si necessaire pour embrasser l'état auquel la Providence le destinoit. A peine eut-il acheve son Cours de Philosophie, qu'il se hâta d'embrasser le Joug du Seigneur. Aprés avoir pris la la Tonsure, il commença sa Théologie chez les Jesuites, dans le Seminaire desquels il fut admis l'anée d'aprés : Sa pieté & son exactitude à remplir ses devoirs, le firent bientôt promouvoir uux Ordre : Les bonnes rélations qu'en faisoient ses Superieurs, étoient des Certificats bien autentiques auprés du Prélat, & elles étoient si sinceres, que les Iesuites avoient résolu de le faire entrer dans leur Noviciat. Le Pere de Sabatier s'étoit chargé d'en faire un

Proselite : Il est même notoire dans Toulon qu'il avoit fait bien des démarches aprè de ses Parens pour cela.

Dans ces intervalles le Pere Jean-Baptiste Girard vint à Toulon. Un dehors de la pieté la plus austere répandu dans toute sa conduite, ses talens de la Parole & de la Direction, qui luy avoient fait un nom dans la Province, rendirent Messire Cadiere son Panegiriste dans l'interieur de sa Famille : La Demoiselle sa Sœur en fut touchée ; & comme la délicatesse de sa conscience ne pouvoit être satisfaite auprès de Messire d'Olonne, à cause des grandes occupations de ce dernier, elle resolut pour lors de s'adresser au Pere Girard, & elle se mit effectivement sous sa Direction. Cependant Messire Cadiere continuoit de s'avancer dans les Etudes & dans les Ordres: Tout étoit ordinaire dans la pieté de la demoiselle sa Sœur dans le tems que le Pere Girard se préparoit à ses grands desseins.

Ce ne fut qu'un an aprés, c'est-à-dire, vers le mois de Decembre 1729 que les Parens de cette Fille s'aperçurent qu'elle tomboit dans certains accidens qui n'avoient rien de naturel : Ces accidens donnerent lieu au Pere Girard de redoubler ses attentions auprès de cette Fille.

Il n'avoit paru jusques alors dans sa Maison que deux ou trois fois accompagné d'un Frere de la Communauté : Le tems étoit venu où son impatience voulut être satisfaite : Les états extraordinaires & surnaturels de cette Fille étoient un plausible prétexte à ses assiduitez ; & pour garder un dehors de bienséance & de regularité qu'il perdit bien tôt de vûë, il prenoit la précaution d'aller luy même en Classe le matin prier Messire Cadiere de le prendre à l'heure marquée l'après dîné, pour le conduire chez sa Sœur : tantôt il le faisoit avertir pour le même sujet, ou par le Clerc, ou par un Frere. L'Accusé est convenu du fait dans ses réponses, & il a crû pouvoir le déguiser en le rejettant sur la Demoiselle Cadiere. Nous verrons dans la suite, & nous prouverons par la déposition des Témoins, que son empressement pour ces entrevûës n'avoit pas besoin d'être excité.

L'innocente simplicité de Messire Cadiere ; la prévention où il étoit avec toute sa Famille de la vertu de ce Directeur, luy faisoit rejetter au loin jusques à l'ombre du moindre soupçon : & pour mieux dire, ils étoient les uns & les autres bien éloignez d'en former aucun · D'ailleurs, toutes les merveilles qu'ils voyoient s'operer dans leur Sœur (car c'est ainsi que le Pere Girard caracterisoit ces accidens ;) l'art de la feinte componction que ce Directeur possedoit si bien ; des larmes de joye qu'ils luy voyoient répandre si à propos en sortant de la chambre de cette Fille, pénetroit sa Famille d'édification & de reconnoissance envers Dieu, qui élevoit dans leur sein, selon le langage de l'Accusé, une Sainte dont il prémeditoit la Canonisation & qu'il ne renvoyoit pas bien loin, puisqu'il annonçoit sa mort prochaine qu'il fixoit dans deux ans, ainsi qu'il conste par la déposition des témoins, & sur tout par le Récolement de la Dame de Lescot, que nous raporterons en son lieu. Joignons à cela la connoissance de l'interieur des Consciences qu'avoit la Demoiselle Cadiere, ainsi qu'il conste par une foule de témoins, & par les propres avûs de l'Accusé ; ces Transfigurations pendant lesquelles cette Fille avoit un visage extraordinaire ; la tête autour de laquelle étoit un découlement de sang ; une tension dans tous ses membres ; les soins que prenoit l'Accusé de conserver l'Eau dont on la lavoit aprés, & d'emporter même les Serviettes, desquelles on l'essuyoit, & à nous dire qu'elles opereroient des Miracles dans leur tems. La Guiol qui

qui nous felicitoit tous, & nôtre belle Sœur en particulier, d'avoir le bonheur d'être entrée dans une Famille qui possedoit *un Ange vivant.* Tous ces apareils & ces ressorts que l'Accusé sçavoit si bien mettre en usage, confirmoient toute cette Famille malheureuse dans sa credule simplicité, & faisoient accomplir l'exemple le plus memorable qui fut jamais de la fourberie & de l'impieté.

Jusques ici la Scene a été renfermé dans l'interieur de la Maison de la Demoiselle Cadiere; quelques Devotes afidées du Pere Girard, & le Pere Grignet en étoient les Témoins, & peut être les Confidens: Les uns & les autres ne contribuoient pas peu à fasciner l'esprit de tous ses Parens, en exaltant ses prodiges & ses merveilles Le Pere de Sabatier même étoit de la partie. Il les felicitoit du bonheur qu'ils avoient de posseder ce saint Dépot, & de voir operer tous ces prodiges sous leurs yeux, & comme si toutes les duplicités de l'Accusé n'eussent pû suffire à les jetter dans l'illusion, il se servoit de leur Ministére pour les y entretenir: C'étoit par des voyes aussi odieuses que le mistere étoit conduit, & que le Crime alloit à ses fins. L'Accusé commençoit à negliger tous ces dehors incommodes de regularité; & dès que Messire Cadiere manquoit d'aller le prendre à l'heure marquée son zéle impatient le conduisoit seul à ces momens heureux. Ici nous devons rompre le fil de nôtre narration; car outre que nôtre Caractére & la pudeur nous empêchent de dévoiler ce que le Pere Girard vouloit n'être connu que de luy & des murailles de la Chambre de nôtre Sœur, la modestie que nous nous sommes prescripte nous retiendroit toûjours, & nous empêcheroit de marcher sur un feu si vif, couvert de cendres si legeres.

Les soins particuliers que prenoit l'Accusé de la conduite de nôtre Sœur ne devoient point être infructueux: Aussi voyons-nous tous les jours ses accidens redoubler & sa sainteté s'acroître; les predictions du Pere Girard s'accomplissoient à la lettre; les maux de nôtre Sœur empiroient; elle parût en être délivrée par des pertes considerables, qui allarmerent toute la Famille, & sur tout nôtre Mere. Et comme l'Accusé suivoit pied à pied toutes ces époques, il sçût qu'on avoit projetté d'implorer le secours de l'art. Cette démarche auroit sans doute blessé l'économie de ses projets; aussi se mit-il à la traverse: Il dit dans la Maison, que *les maux de nôtre Sœur étant Divins & surnaturels, les Medecins seroient inutiles*: Cela se trouve demonstrativement prouvé dans la Procedure, & par les avûs même de l'Accusé.

La Guiol, pour laquelle le Pere Girard avoit une prédilection singuliere, & dont le ministére étoit si nécessaire à ses projets, tenoit le même langage; cela est encore prouvé par la déposition de Catherine Artigues 36°. témoin, & de bien d'autres. En un mot, c'étoit la les Réponses bannales de toutes les discretes Devotes de l'Accusé.

Cependant il étoit difficile qu'un certain nombre de Confidentes du Pere Girard fussent initiées dans ces Mistéres, sans que le Public y prît quelque part. En vain affectoit-il de recommander le secret à toute nôtre Famille: En vain pour nous y engager nous menaçoit-il *que nôtre Sœur mourroit dans 24. heures, si ces états venoient à éclatter: Qu'outre ce le Public peu propre à connoître les voyes de la perfection, traiteroit avec mépris ces états Divins, & pourroit lui donner à lui même un ridicule.*

Quel vaste champ aux plus solides reflexions. Nous les mettrons dans leur ordre, pour ne point perdre nôtre sujet de vûë.

Toute

. Toutes ces précautions, quelques justes qu'elles pûssent être, ne parurent point suffisantes pour rassurer un Criminel en allarme. Il falloit éloigner jusques au moindre motif de crainte; pour cela le Pere Girard crût de n'en être point délivré tant que nôtre Sœur seroit exposée aux attentions incommodes d'une Mere si attentive aux moindres indisposition d'une Fille unique. Il falloit donc pour le rassurer entiérement la faire transmarcher; le Monastere des Dames de Ste. Claire d'Ollioules lui parut fort propre à ses desseins; la proximité du lieu ne pouvoit gueres diminuer ses assiduitez; aussi rien ne pût arrêter l'execution de son dessein; la répugnance de sa chere Fille qu'il tâchoit de vaincre par ses visions & ses moyens extraordinaires; celle de ses parens auprès desquels il falloit employer des voyes plus naturelles; tout enfin dut ceder à ses volontez, & le voyage fut resolu sans le consentement, & en dépit même de la Mere, ainsi qu'il conste par la Lettre du Pere Girard à l'Abbesse de ce Convent, du 22. May 1730. dans laquelle il lui marque *de garder absolument le secret à l'égard de sa Communauté sur la retraite de cette Fille, parce que venant aux oreilles des Parens, ils feroient tous les efforts imaginables pour la retenir.* L'Accusé nous le prouve encore par sa Lettre du 7. Juin 1730.

Tel étoit l'éloignement de nôtre Famille pour la retraite de nôtre Sœur; & tel étoit aussi l'empressement du Pere Girard, pour écarter tout ce qui auroit pu dévoiler ce mistere d'iniquité.

La premiere démarche du Pere Girard, en faisant partir la Demoiselle Cadiere pour Ollioules; c'est de demander à l'Abbesse de ce Monastere la faveur que cette demoiselle puisse lui écrire, sans que ses lettres soient luëes, & que ses Réponsent aillent de même à elle sans être vûës, Le détail de ces Lettres nous prouvera combien sage étoit la précaution que prenoit d'avance le Pere Girard, mais qu'il nous soit permis de lui reprocher en passant que sa droiture de cœur & sa pureté d'intention est ici un peu démentie : A quoi bon en effet cette prévoyance, si son commerce de Lettres avec sa Penitente ne devoit rouler que *sur l'econnomie de son interieur ?* La droiture est toute simple, elle néglige les précautions, elle se montre à découvert sans craindre la lumiere : Qu'il s'accorde donc avec lui même.

A peine nôtre Sœur fut-elle arrivée à Ollioules, que son tendre Directeur s'empressa de lui donner de ses nouvelles; il lui rappelle ce qu'elle avoit souffert en chemin de la violence de quelque obsession à laquelle *il s'étoit bien attendu,* & la fait ressouvenir *qu'elle est encore avec lui & qu'il ne la perdra point de vûë.*

L'empréssement que l'Accusé avoit marqué à sa Penitente, avant même son départ de Toulon, pour avoir de ses nouvelles, & qui étoit redoublé depuis son arrivée à Ollioules, ainsi qu'il paroît par la Lettre que nous venons de citer, ne permirent point à la Demoiselle Cadiere de garder plus long-tems le silence; mais comme elle avoit apris depuis peu à écrire & très imparfaitement, elle eut recours à nous pour satisfaire l'impatience de son Directeur. L'idée que nous avions de la sainteté de l'un & de l'autre, & de la pureté du commerce de Lettres qui devoit être entr'eux, nous engagerent à nous prêter à ses besoins là-dessus. Ici nous avoüons sans rougir nôtre simplicité; mais pourroit-elle nous être désavantageuse? Et pourroit-on jamais la suspecter? Qu'on se rapelle pour un moment tout ce que nous avions vû d'extraordinaire s'operer en nôtre Sœur; toutes ces merveille prétenduës, dont le Pere Girard & ses Devotes nous avoient infatué; tant de prodiges dont nous étions frapez; tout enfin sembloit nous persuader que nous devions nous estimer heureux de pouvoir contribuër en quelque chose au grand ouvrage dont l'Accusé étoit le fourbe conducteur, & nous prêtames ingenuément à ce que nôtre Sœur desiroit de nous.

Ce fut donc le 11. Juin 1730. que Messire Cadiere copia la premiere Lettre, dictée pour sa Sœur à son Frere le Dominicain, ou qu'il l'écrivit lui-même sous le dictamen de celle-là. Car pour fixer ici une fois pour toutes nos idées, on doit observer que quand Messire Cadiere alloit à Ollioules avec son Frere le Dominicain, c'étoit ce dernier qui prenoit les minutes, & à qui la demoiselle Cadiere les dictoit, & le premier ne faisoit que les transcrire; au lieu que quand il y alloit seul, sa Sœur les luy dictoit à luy-même: Voilà naturellement pourquoi on trouve les minutes ou les copies tantôt du caractere de l'un & tantôt de celui de l'autre; & ce qui prouve encore toûjours mieux leur bonne foi & leur simplicité. Pour revenir à cette Lettre, nous nous reservons de répondre aux Objections qu'on a prétendu faire sur sa teneur dans la discussion générale de toutes les Lettres que nous ferons dans le corps de ce Mémoire, où nous observerons les vûës du Pere Girard, dans le changement qu'il a fait à ses Letres. Quel étoit, par exemple, son dessein lors lors qu'il a changé la datte de la premiere reponse de la Demoiselle Cadiere à sa Lettre? Et combien ces alterations assortissoient le sistême de sa prétenduë justification? Ce qui nous donnera une nouvelle démonstration de sa mauvaise foi.

Ce commerce de Lettres dont le Pere Girard étoit si jaloux, & qui sans doute ne tendoit qu'à adoucir sa passion & à diminuer les rigueurs de l'absence de sa chere Penitente, continuoit malgré les indispositions de la demoiselle Cadiere: Il falloit satisfaire la tendresse impatiente d'un Amant importun que rien ne rebute & rien ne lasse. Aussi quelque accablée que fût cette Fille sous la violence de ses maux, qui étoient ou une suite naturelle de ses pertes extraordinaires d'abord après les supressions dont nous avons parlé, ou la violence de ses obsessions qui redoubloient journellement elle étoit pourtant forcée à écrire; mais ce fut pour dégager la parole qu'elle avoit donnée à son passionné Directeur de le faire deux fois par semaine. *Je crains même*, lui dit-elle *si mes maux augmentent, de ne pouvoir plus vous écrire*. Cela ne satisfaisoit point le Pere Girard: C'étoient tous les jours de nouvelles instances. En vain il a jugé à propos de ne communiquer que 16. de ses Lettres; celle du 22. Juillet lui donnera toûjours un démenti solemnel.

Cependant ces états d'obsession, les extases, les ravissemens étoient toûjours plus frequens: Le Directeur vouloit *qu'elle s'y abandonnât absolument*. Cela se passoit sous les yeux de la Communauté: les Religieuses le raportoient aux Freres de la Demoiselle Cadiere dans les voyages qu'ils faisoient à Ollioules, & ils en étoient eux-mêmes quelque-fois les temoins oculaires, nouveau motif pour les entretenir dans cette fascination où ils avoient été plongés, & qui les faisoit encore contribuer aveuglement aux desseins du Pere Girard. Dans cet intervalle il fut à Ollioules, & l'amour industrieux sçût bien luy procurer des entrevûës secretes, & dans lesquelles il pût parler à sa Penitente *a cœur ouvert*, ainsi qu'il le desiroit, comme il conste par ses Lettre precedentes.

Enfin pour ne pas couper la suite du Fait en rapportant toutes les époques de ces Lettres, il suffit de dire que le Pere Girard écrivoit tous les jours à la Demoiselle Cadiere, qui ne pouvoit lui repondre avec l'exactitude qu'il vouloit exiger, soit à cause de ses accidens qui l'alitoient très souvent, soit parce que ses Freres n'alloient pas tous les jours à Ollioules.

Cependant l'air misterieux que le Pere Girard avoit g rdé à l'égard du Prélat sur tont ce qui regardoit la Direction extraordinaire de la Penitente; firent entrer ce Pasteur dans quelque méfiance, & il y fut confirmé lorsqu'il lût le Mémoire de ses révelations & de ses extases, que le Pere Girard avoit trop d'interêt de tenir caché. Il conçût des lors le dessein de la mettre en d'autres mains, & il l'éxecutà effectivement, quand il aprit que l'Accusé, frapé de la justice & du fondement de ses soupçons ; vouloit la faire transmarcher dans une autre Province, pour ne pas voir échoüer ses projets, & ne point s'exposer à la honte à laquelle il devoit s'attendre à la découverte de tant d'iniquitez. Nous passons ici les allarmes; les mouvemens;les seins, & tout ce qu'une craintive industrie pût lui suggerer : Ils furent si grands, & ils firent tant du bruit, qu'ils vinrent jusques aux oreilles du Prélat. Son amour pour toutes ses Oüailles, dont nos Ennemis nous ont privé, & sur tout sa prédilection singuliere pour celles qu'il croit plus particulierement cheries du Souverain Pasteur, en fut allarmé : Il alla luy même à Ollioules défendre l'Abbesse de remettre la demoiselle Cadiere en d'autres mains qu'en celles de sa Mere. Il voulut bien même avertir celle ci de ne point écouter tout ce qui viendroit de la part de l'Accusé, & de se donner de garde de consentir au transmarchement de sa Fille. Les attentions du Prélat ne furent pas inutiles : Nôtre Sœur fut conduite par son ordre ; accompagnée de nôtre Frere le Dominicain avec l'Abbé Camerle, du Convent d'Ollioules à la Bastide du sieur Pauque. C'est ici le dénoüement de la Piéce, ou pour mieux dire, les termes que la Providence avoit fixé pour manifester le crime. Le Prélat instruit par lui-même de l'état pitoyable où nôtre Sœur avoit été reduite, ordonna, lorsqu'elle fut à nôtre Maison de Campagne, les remedes dont l'Eglise se sert en pareil cas. Il voulut bien les employer lui même, & nous permit de nous en servir dans le besoin, Dans ces intervalles le Pere Girard, convaincu interieurement de ses forfaits, avoit pris la fuite : Le Pere de Sabatier se chargea d'en imposer à la droiture de Monsieur l'Evêque. Le succès ne trompa point ses esperances : Cette médiation fut si heureuse, que ce Prélat interdit le Pere Cadiere Dominicain, & le Pere Prieur des Carmes : Aussi rien n'avoit été oublié de la part du Médiateur, le merite du Pere Girard ; sa prétenduë sainteté si reconnuë, ses grands talens ; tout fut exalté ; l'honneur du Prélat y fut interessé : On luy fit entendre qu'ayant lui-même revêtu l'Accusé de tous ses pouvoirs, & l'ayant honoré de son estime particuliere : ce seroit donner un démenti trop éclatant à son discernement : En un mot, il n'en falloit pas tant pour engager la prévention à rentrer dans tous ses droits. Dès lors toutes les précautions que nôtre Famille avoit pris pour empêcher le Prélat de faire éclater cette malheureuse affaire ; les instances des personnes de la premiere consideration, & toutes les representations qui lui furent faites à ce sujet, devinrent inutiles : Son zéle surpris ne reconnut plus de bornes,

Cependant les exorcismes qui avoient été faits à nôtre Sœur par l'Evêque luy-même, ou par son ordre, pour avoir calmé en partie ses obsessions, ne l'avoient point délivrée entierement : Elle en avoit même eu quelque attaques à nôtre Maison de Campagne ; elle en parut fort soulagée pendans l'espace d'environ sept semaines, du moins pour les contorsions & convulsions. Ce ne fut que dans la nuit du 17. au 18. Novembre sur les dix heures du soir, qu'étant surprise par un de ces accidens, elle tomba immobile par terre dans sa Chambre, faisant des convulsions de tous ses membres, qui *étoient devenus roides; son col, dont la peau étoit tenduë comme celle d'un Tambour, étoit enflé jusques à la hauteur du menton.* Nôtre Mere la voyant dans cet état, allarmée au de-là de ce qu'on peut imaginer, vint fraper à la Porte de nôtre Chambre, nous disant que nôtre Sœur étoit mourante, & de venir à son secours. Saisi de crainte & de frayeur, Messire Cadiere acourut sans se donner le tems de s'habiller entierement: La tendresse pour une Sœur reduite dans un état si pitoyable, pouvoit-elle souffrir le moindre délay? Il entre dans sa Chambre, & la voyant aux abois, il court aux remedes que l'Eglise propose dans ces cas, que M. l'Evêque avoit appliqué lui-même, & qu'il avoit ordonné en cas de nouveaux besoins.

Les allarmes de toute la Famille, le désordre qui en est une suite en pareilles occasions, attirerent les Voisins: On crût d'ailleurs que le secours de l'Art ne seroit pas inutile. On apella le Medecin & le Chirurgien: Quelques Voisines même furent mander Mrs. les Curez de la Cathedrale, & bien-tôt l'Apartement de la demoiselle Cadiere fut rempli par de Voisins & par de Passant que le bruit attiroit. Nôtre Sœur eut pendant cette nuit trois accidens qui se trouvent trop exactement décrits par la déposition d'une foule de témoins, & sur tout par celle des deux Curez de la Cathedrale, pour que nous nous y arrêtions d'avantage. Telle est l'histoire des faits extraordinaires arrivez à nôtre Sœur sous la direction du Pere Girard, ausquels nous avons eu quelque part; elle est fondée sur la Procedure, & sur les Lettres même que l'Accusé a produit.

Le lendemain matin; c'est-à-dire, le 18. Novembre le zéle de Monsieur l'Evêque, pour satisfaire le Pere de Sabatier, éclata par l'Accedit qu'il fit faire à son Official à la Requête du Promoteur. Cette démarche surprit autant la Famille, que nôtre Sœur elle-même, accablée qu'elle étoit dans son Lit des accidens qui luy étoient arrivez dans la nuit, elle s'attendoit peu à de pareilles visites. Le tems étoit tout propre à la surprise: Une foule de circonstances y concouroit; la simplicité de cette Fille; l'accablement où elle avoit été reduite dans la nuit; le peu de connoissance & d'experience qu'elle avoit dans la démarche qu'on venoit luy faire faire; le peu de droiture qui étoit dans les intentions de l'Official; tout en un mot conspiroit à la faire donner dans le piége qu'on luy tendoit.

Enfin, nous ne le reconnoissons que trop aujourd'hui. La démarche de l'Official étoit si captieuse à l'égard de nôtre Sœur, qu'il y avoit de peril de par tout, & qu'elle n'avoit pas moins à craindre de son silence ou de son refus, de répondre aux Interrogatoires de l'Official, que des Avus simples qu'elle avoit à faire de tous les Crimes que le Pere Girard avoit commis sur sa personne; elle fit tout ceder à la réligion du serment. Qu'il est douloureux pour une Fille, dont la sagesse & la bonne réputation n'a jamais eu aucune atteinte, de se voir forcée à publier sa honte! Cependant comme on l'avoit contrainte à faire cette démarche, qui coute tant aux Filles les plus mal famées, & qu'il n'étoit plus tems de garder aucun ménagement, elle crût devoir s'adresser à son Juge naturel; & à cét effet, elle tint un Comparant au Lieutenant Criminel au Siège de Toulon, qui acceda le jour même dans sa Maison, où il reçut sa Plainte, telle que Public l'a vûë, & telle que sa bonne foi & son ingenuité lui dicterent. Nous voudrions pouvoir passer plus rapidemment sur tous ces faits qui ne nous regardent point, & desquels nous ne ne nous servons que pour lier & donner une suite à ceux qui nous interessent; mais nous ne pouvons nous dispenser de faire sentir l'irregularité de la conduite du Promoteur, qui a si indignement prostitué son ministere dans toute cette affaire, & qui s'est prêté au plus odieux Complot qui fût jamais Voici la premiere preuve qu'il en donne; & qui nous fera reconnoître par le reste de ces demarches, combien il s'y étoit livré. Requête de sa part à l'Official le 18. Novembre 1730, pour être informé sur les crime contenus dans la Reponse de la demoiselle Cadiere, prise par le Juge Ecclesiastique, *dans lesquels le Pere Girard Jesuite est impliqué... que la matiere est trop grave & trop qualifiée pour ne pas exciter son Zéle.* Le dessein est loüable: Voyons comment il est executé. Quel constraste! Le même Officier de la Justice Ecclesiastique donne dans le même tems le premier signal du Complot; nous envelope dans cette malheureuse affaire par les termes vagues de sa Requête en Information, *afin de faire punir les Coupables.* Nous verrons dans la suite comment il assortit ce projet, & nous prouverons même sur les Depositions des Témoins par lui administrez, qu'il s'est prêté à la plus inique des prévarications: En voilà déja le premier signal. On verra de là que le dessein premedité où il étoit déja de nous faire paroître coupables, s'est developé dans la suite par toutes ses démarches.

Le zele de la Cour pour l'administration pure de la Justice, sera sans doute indigné à la vûë d'une prostitution si marquée du Ministere Public: Nous la mettrons dans tout son jour. Cependant ce Promoteur ne se dément point. On a vû dans les Defenses de nôtre Sœur tout ce dont il fut capable pour parvenir à son but. L'Official, qui étoit de la partie, achevoit ce que le premier avoit si heureusement ébauché, & ils concouroient l'un & l'autre avec les Emissaires de l'Accusé.

A peu près dans le même tems, l'Arrêt du Conseil d'Etat du Roy du 16. Janvier dernier, ayant dépoüillé le premier Juge de la connoissance de cette affaire, qu'il attribua à la Grand Chambre du Parlement pour y être jugée suivant les Ordonnances, par Arrêt du 16. Février d'après, Mrs de Faucon & de Charleval, Commissaires deputez, furent à Toulon, avec M. le Procureur Général du Roy, où ils entendirent encore 24. Témoins. Mais quelle fut nôtre suprise, lorsque le 23. du mois de Février nous aprîmes que nôtre Sœur & nôtre Frere le Dominicain avoient été Decretez d'un ajournement personnel, & enfin nous-même d'un Assigné. Ces Decrets si contraires aux Regles ordinaires de la Justice & aux charges même, nous jetterent dans un étonnement, qui dans l'humble respect où nous étions & où nous somme encore par les Ordres de la Justice, ne nous permit que de rédoubler nôtre soûmission.

Le même jour 23. Février, M. le Procureur Général du Roy nous fit signifier ces Decrets par Exploit dudit jour, avec assignation à comparoir au Parlement dans un mois, si mieux nous n'aimions répondre devant Mrs. les Commissaires le jour d'après. Le Pere Girard surpris, peut être autant que nous même, de la douceur de son Decret, si nous le croyons dans la bonne foi, se hâta de répondre. Nous prouverons dans la suite que quelque art & quel que affectation qu'on reconnoisse dans ses Réponses, la conscience sçait tirer de la bouche des Criminels les Avûs même de leurs Crimes. A la fin de ses Réponses il remit à Mrs les Commissaires, pour être joint à la Procedure, seize Lettres, qu'il dit avec son ingenuité ordinaire, être du nombre decelles qu'il avoit écrit à nôtre Sœur à Ollioules & qu'il a remis sans alterration

Nous le comparerons lui-même à lui-même. Il joignit à celles-là vingt de celles qu'elle lui avoit écrites: Il n'a pû disconvenir d'avoir un peu alteré ces dernieres; mais que ce n'est que dans les dattes dans lesquelles il a rectifié Messire Cadiere qui les avoit transcrites, le tout simplement *pour fixer les datte s& mettre un arrangement dans les Lettres*. C'est une obligation que le Public doit lui avoir, & une preuve de son amour pour l'ordre, dont Messire Cadiere n'étoit pas capable. Il produisit encore deux Mémoires; Sçavoir, celui de la Sœur de Remusat, écrit de la main de Messire Cadiere, dans lequel il a encore *efface deux lignes, parce*, dit il, *que ce qui étoit contenu concernoit une affaire speciale do conscience de ladite Sœur de Remusat:*. Nous ferons là-dessus quelques reflexions. Le second est un autre Mémoire du Carême de la demoiselle Cadiere, écrit de la main de son Frere l'Ecclesiastique.

Trois jours aprés, Mrs. les Commissaires accederent au Convent des Ursulines pour y prendre les Réponses de nôtre Sœur. Elle étoit encore dans ses délais; mais n'importe, elle répondit conformement à la verité contenuë dans son Exposition; ce ne fut que le lendemain qu'elle le rétracta. Tout ceci n'est point de nôtre fait; qu'il nous soit pourtant permis de satisfaire à la charité Fraternelle, & de faire sur cette démarche quelques Observations qui ne paroîtront peut-être point étrangeres.

Il n'y a qu'à considerer une Fille de 20. ans, dont la simplicité éclate dans toute cette affaire, qui sur la Plainte qu'elle a portée entre un Séducteur trop puissant, est enférmée dans un Monastere dévoüé à ses Ennemis, dont la Superieure & la plûpar des Réligieuses sont actuellement Penitentes. Qui ignore l'empire que peut prendre sur elles un Prevaricateur dangereux d'un ministere si respectable? On lui donne pour la servir une Fille de cette industrieuse Femme, qui a autre fois servi les plaisirs de son Séducteur, & qu'on reconnoît très propre à pareils desseins: Passons quelque chose de plus fort. Mais qui ne trembleroit à la vûë d'aussi cruelles épréuves! Qui ne craindroit la tentation qu'accompagnent les souffrances? Qui s'assurera que l'épreuve ne sera point audessus des forces? Tout ne devoit-il pas nous intimider & nous allamer? La fragilité du sexe; la foiblesse de l'âge; la privation de tout sécours, de toute consolation; la rigueur; la durée de l'épreuve les ménaces des traitemens encore plus séveres & des derniers suplices; l'autorité des Tentateurs; le faux zele des Ministres de leurs desseins. Ah! Ils réüssissent! Un peu moins de simplicité, nous l'eussions prévû *Collumba seducta*, selon l'expression d'un Auteur Sacré: Nos Ennemis en triomphent, *sicut exultant victores captâ prædâ.* Mais les Temoins de tant d'abominations se sont-ils rétractez?

D'abord aprés ses Réponses, Mrs. les Commissaires ayant par leur Ordonnance du 1. Mars ordonné le Procés extraordinaire à l'égard du Pere Girard & de nôtre Sœur, nous laisserent en arriere avec le Pere Prieur des Carmes & nôtre Frere le Dominicain. Tout étoit dans l'ordre; nous n'avions point encore répondu; nous étions comme les premiers dans nos délais: Il est vrai que les Regles nous parurent ici un peu violées, quoique par là on divisa *continentiam causæ*; qu'on fit deux Procedures d'une seule, contre l'esprit des Loix & des Ordonnances, comme il a été si bien dit dans le Mémoire de nôtre Sœur: Mais enfin tout étoit à propos; il falloit aller au plus pressant. Le Pere Girard s'étant presenté pour être oüi, la demoiselle Cadiere devoit l'être aussi; & son Procès extraordinaire devoit être parfait.

Le second Avril, Messire Cadiere, qui étoit dans cette Ville à la suite des Commissaires, quoique par son Decret il n'y fût point obligé & qu'il eût bien pû en cela suivre l'exemple du Pere Girard, fut cité par Exploit dudit jour à comparoit pardevant. Mrs. les Commissaires pour répondre sur son Decret & sur les charges qui pourroient y avoir donné lieu. Il obeït effectivement, & sans aprobation du Decret contre lui décerné le 6. du même mois, il fut confronté d'abord avec le Pere Prieur des Carmes aussi Decreté, le lendemain aprés, avec son Frere le Dominicain, & ensuite avec sa Sœur, Querellante & Decretée: Ils adhererent dans leurs Réponses & leurs differentes Confrontations à celles de leur Sœur, depuis le 9. Mais inclusivement, & declarerent ne pouvoir se tenir à ce qu'elle avoit répondu depuis le 27. Fevrier, jusqu'au jour de la révocation qu'elle fit avec serment de tout ce qu'elle avoit dit de contraire à son Exposition. Ce desavû des Decretez pour les Réponses de leur Sœur, dans cet espace de tems, étoit fondé sur les violences & les menaces qui avoient été faites à la demoiselle Cadiere, & qui ont donné lieu aux Lettres Royaux de restitution qu'elle a impetrées. Cette partie du Procès extraordinaire étant finie, la Cour par son Arrêt du ordonna une seconde Descente pour la confection de celui des autres trois Decretez qui avoient été laissez en arriere. Dans ces intervalles; Messire Cadiere avoit apellé du Decret d'Assigné contre lui rendu, & de la Procedure faite par Mrs. les Commissaires, suivant son Rélief du 10. Avril 1731. ces derniers étant parti pour Toulon, il s'y rendit pour être confronté aux Témoins qui pouvoient faire quelque charge contre lui. Nous parlerons de cette Confrontation en traitant de l'injustice de son Décret, où nous prouverons que les Témoins qui ont fait mention de lui dans leurs dépositions, ne deposent que des faits indifferens & qui ne sçauroient jamais donner lieu à son Decret, ou qui sont d'un caractere à ne pouvoir faire foi en Justice, ainsi qu'il conste par la force & la validité des Objets que Messire Cadiere a donné contre ces Temoins. Le Procès extraordinaire de ces derniers Decretez étant achevé, les Commissaires & les parties de rétour de Toulon, il ne s'agissoit plus que de vuider les Apels pendans. En cet état, la demoiselle Cadiere crût qu'il étoit de son interêt d'y joindre un Apel incident comme d'abus de la Procedure faite contre elle par l'Official, à la Requête du Promoteur. Messire Cadiere son Frere se joignit à cet Apel par sa Requête d'adherance du 10. May 1731. Voilà toutes les qualitez sur lesquelles la Cour a à prononcer à l'égard de Messire Cadiere, qui se réduisent à son Apel simple du Decret d'assigné contre lui rendu, & de la Procedure faite par Mrs. les Commissaires, & à la Requête d'adherance à l'Apel comme d'abus. Nous traiterons l'un & l'autre par indivis. L'injustice du Decret éclatera par l'abus manifeste qui se trouve dans la Procedure de l'Official, qui seule peut avoir donné quelque ombre de fondement à son Decret; mais parce que les Moyens d'Apel simple & les Moyens d'Apel comme d'abus ont été si bien traitez, que leur validité & leur force a été si bien démontrée, & que d'ailleurs nous ne sommes pas ici Partie principale, mais adherante, nous croyons devoir nous dispenser de les traiter de nouveau, & nous nous réduisons à mettre dans un si beau jour l'injustice de nôtre Decret particulier, & pour le faire avec quelque ordre, nous envisageons d'abord ce qui peut y avoir donné lieu.

S'il falloit examiner nôtre conduite selon les regles de la Justice, nous serions sans doute embarrassé d'y trouver quelque cause aparente de nôtre Décret : La plus vraysemblable & la plus plausible seroit l'interêt qu'ont eu nos Ennemis de nous trouver coupable, quoi qu'il pût en coûter à la raison & au sens commun. Mais il faut entrer dans leurs vûës pour écarter jusques au moindre soupçon ; & dans cette idée tout ce qui peut leur avoir donné prise ne peut être que la simplicité que nous avons eu en copiant les Lettres de nôtre Sœur pour le Pere Girard, ou les Exorcimes que nous luy avons fait dans la nuit du 17. au 18. Novembre dernier, ou enfin la part que nous avons pû prendre à une affaire si interessante pour nôtre Famille, qui a pû les persuader que nous étions êtredans ce complot chimerique & ridicule De là nous fixons nos Défenses à cestrois Chefs. L'ordre naturel demanderoit que nous commencassions par nous disculper au sujet des Lettres ; mais comme il est essentiel que nous justifions d'abord nôtre credulité, nous croyons devoir mettre au jour tous les prodiges que nous avons vû s'operer en nôtre Sœur, & nous prouverons par là que ce n'est pas sans fondement qu'elle a été abusée. Nous commençons donc par établir que ce n'est que par Sortilege & Enchantement qu'elle a été seduite. Le Public verra après cela que l'illusion dans laquelle nous étions par tous ces Prestiges, ne nous laissoit aucun lieu à la moindre méfiance, & nous confirmoit dans la bonne foy & dans l'aveuglement même ; & nous démontrerons afin que cette idée de complot est peut-être la plus ridicule & la plus insoûtenable que l'ègarement de l'esprit humain ait jamais pu enfanter. De ces trois points doit éclater évidemment nôtre innocence, & l'injustice du Decret contre nous rendu.

QUE C'EST PAR SORTILEGE ET ENCHANTEMENT, *que la Demoiselle Cadiere a été seduite.*

Pour prouver avec succés cette proposition, nous croyons devoir distinguer la Question de Droit d'avec celle de fait. C'est en effet ce qui partage generalement presque tous les esprits : Peu de gens osent nier la Question de droit ; mais la foiblesse & la fourberie ausquelles l'esprit humain est sujet, retiennent une partie des gens les plus sages dans un doute methodique à l'égard de la Question de fait : Ainsi nous croyons devoir traiter ces deux points separement.

S'IL EST DES SORCIERS.

Il a été un tems où reduire cette Question en Probléme, sç'auroit été choquer les lumieres de la raison & du bon sens ; mais le goût du siécle semble prévaloir, & bien tôt, au mépris de ce que la Religion a de plus sacré, on regardera la possibilité du Sortilege, comme une idée chimerique: Telles sont les suites fâcheuses du dangereux penchant qu'on a aujourd'huy pour le Semipirrhonisme. Tout ce qui est au dessus des sens ; tout ce que nos foibles lumieres, dans les connoissances même de la nature, ne peuvent atteindre, passera bientôt pour chimerique. Il suffit à plusieurs qu'une opinion soit reçuë communement, pour qu'ils se croient en droit de la rejetter : Ennemis de ce que l'autorité a de plus respectable, ils se font une gloire d'en secoüer le joug pour suivre des lumieres que l'amour propre, plûtôt que la raison, dirige. Quelques-uns prétendent attaquer la question que nous soûtenons avec toutes les forces d'un mûr examen, & aprés les recherches les plus exactes, & s'il ont secoüe secoüé les opinios vulgaires, ce n'est qu'à la faveur de l'évidence. Ces derniers s'acquierent par là la reputation d'une superiorité de genie qui enleve tous ceux qui les écoutent : On se persuade sans peine qu'un homme qui ose quitter les routes connuës, doit avoir de lumieres au dessus du commun, & voilà qui suffit pour faire adopter ses idés. Enfin le plus grand nombre se laisse emporter aux préjugez de l'éducation ou des Passions : En un mot, il n'est peut-être rien de plus certain que cette Propositiou, que peu de gens jugent du vray & du faux par les seules lumieres d'une raison non préocupée ; la prévention, les attachemens personnels & l'amour propre nous determinent presque toûjours ; De là on écoute avec impatience quiconque vient choquer nos opinions favorites, & il est naturel qu'une certaine estime qu'on a toûjours pour soy-même persuade aisement qu'on n'est point dans l'erreur. Pleins de si dangereuses idées, l'on regarde avec mépris ceux qui n'ont pas les mêmes sentimens, sans considerer qu'ils sont en droit de nous traiter de même, & croyant qu'il y a de l'abaissement & de la honte à s'avoüer de bonne foy vaincu, on cherche à répondre sans examiner si l'on s'est trompé. C'est-là tout ce que nous voulons faire ici : Nous secoüons l'amour propre & les préjugez, & nous prétendons examiner par les seules lumieres d'une raison qui cherche la verité, s'il est des Sorciers.

Les Objections les plus solides qu'on puisse faire contre cette Proposition, se tirent communement de la Philosophie. Comment, disent les uns, prouvera-t'on ces actions d'un Esprit sur un Corps étranger ; ces transports dans les lieux les plus éloignez ; ces unions des Démons, qui sont des Esprits, avec des Corps formez subitement & à leur volonté ; ces transfigurations & changemens des Elemens ; & enfin tout ce qu'on supose de prodigieux dans la Magie ? Cette Objection, quelque specieuse qu'elle paroisse, n'a pourtant rien de solide ; car d'abord nous avoüons que ce n'est point par les lumieres de la Phisique, ni selon ses Regles, qu'on peut expliquer les effets du Sortilege : Si cela étoit, ce seroit bien à tort qu'il auroit été prohibé & puni dans tous les tems. Il faut donc reconnoître un autre Principe, & confesser que le Dé non peut bien de choses qu'on ne comprend point naturellement. Cela posé, il n'y auroit plus qu'à prouver qu'il s'est souvent servi de son pouvoir pour tromper les hommes : En ce point l'Histoire Sacrée & Prophane viendroit à nôtre secours, & nous le mettroit hors de doute.

Mais, nous dira un autre, pourquoi cette puissance des Démons ? Elle restera toûjours à connoître, & je ne veux me rendre qu'à l'évidence : Je puis au contraire expliquer tous ces prodiges par les lumieres de la raison & la connoissance de la Phisique. Ne sçait-on pas que la nature elle-même produit une infinité de faits qui éblouïssent & embarrassent les plus sçavans, & que dans le siécle de l'ignorance on attribuoit aux effets de la Diablerie ? Qui ignore outre cela ce que peut l'esprit humain aidé par la fourbe ? Et pourquoi recourir aux merveilleux, pour expliquer ce que nous ne pouvons comprendre, & que de plus éclairez que nous seront même surpris que nous n'ayons point découvert ? Cette réflexion éblouït. Deux raisons bien solides vont la détruire. La premiere se tire de ce que nous trouvons des effets dans la Magie que non seulement on ne peut expliquer en Phisicien, mais qu'il est impossible même que la nature puisse produire. Comment est-ce, par exemple, qu'un homme pourra agir dans un lieu éloigné ? Cela resiste aux Principes les plus connus en Phisique : Comment pourra-t'il jamais par les seules forces de la nature produire dans un Corps étranger des effets aussi extraordinaires que des contorsions & des tensions de Membres, un bouleversement entier dans la circulation de son sang &, & tant d'autres effets que nous voyons même dans cette affaire; mais sur le tout, & voici ce qu'un homme raisonnable ne pourra jamais croire naturel, cette pénétration de de l'interieur des consciences & des pensées même d'autruy; enfin la prévoyance de l'avenir, qu'on n'a jamais regardé comme pouvoir être acquise par des connoissances naturelles? Tout cela prouve non seulement que la Phisique ne pourra jamais expliquer les effets du Sortilege, mais qu'il est même impossible qu'elle le puisse.

La seconde raison est qu'en étendant les forces de la nature & les connoissances des Hommes, il est tres-dangereux d'aneantir la Puissance de Dieu, manifestée par les Miracles, que bien-tôt on pourroit expliquer naturellement, & ce pas est trop dangereux pour qu'un Homme, tant soit peu réligieux, ne s'en éloigne avec crainte. Peut-être que pour insister à cette Objection, on nous dira que tout ce qu'il y a d'étonnant dans la Magie peut être expliqué par les lumieres naturelles, ainsi que l'ont montré plusieurs Grands Hommes; & sur tout le sçavant Ministre M. Bekker, dans son Monde Enchanté, qui prétend même expliquer par la Phisique les prodiges des Magiciens de Pharaon, sans le secours des Démons. Quelques peu satisfaisantes que soient les raisons de cet Auteur, & quelque embarrassé qu'il s'avouë lui-même, pour découvrir une cause naturelle de ces Prodiges, le respect que l'on doit à l'autorité de l'Ecriture, si précise & si litterale sur ces operations du Démon, ne doit-il pas borner nôtre curiosité & nous fermer la bouche, ainsi que le dit si bien un autre Auteur de la même Doctrine en discutant l'Ouvrage de M. Bekker? Or si on admet une fois pour constant que les effets de la Magie sont surnaturels, il faudra necessairement en chercher la cause: Et où la trouver, si ce n'est dans la puissance des Demons par la permission Divine à moins que de feindre une quatriéme espece d'Agent que nous ne connoissons point? Cette opinion qui attribuë à la puissance des Demons l'effet du Sortilege, n'a rien de contraire à la plus saine Theologie; & elle s'y accorde si bien, qu'elle a été suivie constamment dans tous les siécles de l'Eglise, comme nous le démontrerons dans peu.

Une quatriéme Objection qu'on peut faire contre l'existence de la Magie, est fondée sur la fausseté des accusations intentées à un grand nombre de personnés qui n'étoient poursuivies pour ce crime, que parce que la superiorité de leurs lumieres, & la vivacité de leur genie, persuadoit aisement au Vulgaire ignorant qu'ils avoient communication avec les Malins Esprits; ou contre ceux dont l'imagination échauffée par les Livres de Magie & par les exemples réels qui pouvoient les y fraper, avoit tellement dérangé les esprits dans leur Cerveau, qu'ils se persuadoient à eux-mêmes qu'ils étoient devenus Sorciers, & qu'ils en faisoient une confession volontaire; de la découverte que plusieurs Sçavans des derniers siécles firent de ces Sorciers imaginaires. Un tomba dans une extrêmité non moins dangereuse: qui fut d'en nier absolument l'existence. Telle est la malheureuse condition de l'esprit humain: Il suffit que la moindre chose semble toucher ou alterer les veritez les mieux établies pour qu'on s'enhardisse à les combatre de front. Nous avoüerons ici sans peine que tous ceux qui ont été accusé de Magie, & condamnez même pour ce crime, non-seulement n'en étoient pas convaincus, mais qu'il auroit été facile de découvrir la fausseté des accusations contr'eux intentées. Tels étoient, par exemple, ceux dont l'illustre Mr. Gassendi prouve que tout le crime ne residoit que dans leur imagination égarée, qui leur faisoit accroire qu'aprés certaines onctions ils étoient transportez dans des assemblés de tenebres où le prince des Demons presidoit, & où l'on se portoit aux dernieres infâmies. Tels sont encore une infinité d'autres qui ont subi le dernier suplice, par leurs propres Avûs & que l'exactitude des juges à déraciner une si dangereuse enjence confondoit souvent avec ceux qui étoient réellement coupables. Tels enfin ont été plusieurs grands Hommes soupçonnez de Magie, qui n'étoient flêtris de cette tâche que parce qu'un beau génie & une assiduité particuliere à l'étude des Sciences les plus rélevées leur donnant des lumieres extraordinaires, pouvoit les faire croire coupables d'un crime qui n'étoit réellement que trop commun, & qui ont été si si bien justifiez par le sçavant M Naudé, dans son Apologie pour les grands Hommes soupçonnez de Magie.

Mais quelque convaincu qu'on puisse être de la fausseté de l'accusation de plusieurs prétendus Sorciers, ne seroit-ce pas de la derniere injustice que de croire pouvoir par là en rejetter avec fondement la réalité & l'existence d'une infinité d'autres? Et pourquoi vouloir rencherir sur la connoissance de ces Auteurs, qui n'ont eu en vûë que de prouver que tous ceux qui étoient accusez de Magie n'en étoient pas atteins, mais qui pourtant n'ont pas laissé de reconnoître la réalité d'une Magie diabolique & condamnable, comme le le montre si bien le même M.Naudé sur la fin du troisiéme Chapitre de son Ouvrage déja cité?

Une derniere Objection que l'on pourroit faire contre la réalité du Sortilege est le peu de vraisemblance qu'on trouve dans ces Pactes & ces Accords entre les Démons & ceux qui sont assez malheureux pour se livrer à eux. Cette Objection qui fournit un vaste champ aux plaisanteries de ceux qui croyent par là faire triompher leur incredulité à peu de frais, rentrent pourtant dans le néant dès se donne la peine de l'examiner avec attention; car une fois qu'on est convenu que la puissance des Démons est au-dessus des forces de la Nature, pourquoi ne conviendroit on pas qu'il peut procurer aux Hommes tout ce que leur industrie ne sçauroit leur fournir? Sur quel fondement pourroit-on nier qu'ils ne puissent se transformer & paroître réellement sous la figure Humaine pour pactiser avec ceux qui réclament leur pouvoir? Il semble même que le Fils de l'Homme ait voulu nous assurer lui-même de la réalité de ces pactes, en se soûmettant aux tentations du Malin Esprit, & qu'il en ait voulu donner un exemple bien circonstancié & bien réel: *Hæc omnia tibi dabo si cadens adoraveris me.* Et s'il faut des Autoritez après l'Ecriture, tous les Demonographes nous en citent une foule d'exemples des mieux constatez; & le sçavant Bayle, qu'on ne soupçonna jamais d'un excés de credulité, reconnoît la réalité de ces Pactes, Tome, 4. Page 103.

Voilà ce semble tout ce qu'on peut objecter de plus specieux contre la realité des Sorciers. Voici comment nous prétendons la démontrer. Une Proposition doit être regardée comme vraye & certaine dès qu'elle ne renferme aucune idée contradictoire, & qu'elle a été regardée telle chez tous les Peuples & dans tous les tems: Or la Proposition, qu'il est des Sorciers, ne renferme rien qui répugne; nous croyons l'avoir déja prouvé. Nous ajoûtons en second lieu que l'existence des Sorciers a été reconnuë pour réelle & certaine dans tous les tems, & chez tous les Peuples: En voici la preuve.

Pour remonter aux premiers âges du monde, & à l'origine des Sciences, nous aprenons que Cham, Fils de Noé, corrompit cette Philosophie naturelle qu'il avoit aprise de son Pere, & qu'il fit tant de prodiges par le secours de la Magie, que les Bactriens le choisirent pour leur Roy. Ses Disciples & ses Descendans se revêtirent du nom honorable de Mages, que les veritables Philosophes abandonnerent depuis par mépris : C'est de là que nous est resté le nom de Magie. Mais pour donner quelque ordre à cette foule d'Autoritez que nous avons pour prouver l'existence des Sorciers, & combien leur Art est damnable, nous commençons par celles de l'Ecriture, qui pour être plus anciennes n'en sont que plus respectables, & qui pour être connuës de tout le Monde, n'en feront que mieux éclater la certitude de nôtre Proposition

Ces Siences détestables firent de rapides progrès, & la maligne curiosité des Hommes la porta si loin, qu'ils furent bien-tôt en état de contrefaire les veritables Miracles que Dieu operoit par le canal de Moïse, ainsi que nous le voyons dans le septiéme Chapître de l'Exode ; & elles parurent si criminelles aux yeux de Dieu, qu'un des premiers Precepte qu'il donne à son Peuple, par la bouche de Moïse, est de mettre à mort ceux qui y auroient recours. Des menaces si justes n'en arrêterent pas les suites. L'Ecriture nous le marque trop litteralement ; & Dieu permit qu'ils furent si grandes, que la Pythonisse que Saül alla consulter, & de laquelle il fut reconnu, quoique déguisé, fit revenir l'Ame de Samuël, & que Dieu forma le Phantôme qui aparut à Saül, selon le sentiment d'Origene, quoique Eustathe soûtienne qu'il est ridicule de donner au Demon sur les Ames des Justes la puissance des les faire revenir de l'autre Monde ; qu'il ajoûte encore que ce n'étoit là qu'un Spectre representé à Saül, neanmoins le prestige & les effets de la Magie subsisteroit toûjours : D'ailleurs l'Ecriture est trop précise & trop litterale pour que le sentiment d'Eustathe puisse être adopté.

Tous les Prophetes nous parlent des effets du Sortilege, comme de la premiere cause de la Colere de Dieu sur son peuple ; & il est difficile, sans tomber dans un mépris marqué pour la Religion, de se refuser à des Autoritez si formelles. Mais ce n'est pas tout, le Nouveau Testament ne caracterise pas moins les effets de la Magie ; & les quatre Evangelistes s'accordent si bien sur ce point, que ce seroit enlever à Jesus-Christ la preuve la plus éclatante de sa Toute-Puissance, que de revoquer en doute le pouvoir du Demon sur ceux qui se livrent à lui ; il semble même que Jesus-Christ ait voulu nous certifier la puissance qu'il a donnée au Demon, par les Tentations qu'il a bien voulu subir lui même,

Les Nations qui gémissoient dans les tenebres du Paganisme etoient encore plus exposées aux illusions du Demon ; il exerçoit chez eux une libre tyrannie, mais les Princes Payens n'étoient pas moins attentifs à la déraciner. Platon dans les Loix de sa Republique établit peine de mort contre les Sorciers. Plutarque dans ces Apophtegmes raporte que les Perses faisoient mourir les Magiciens en leur écrasant la tête entre deux pierres. Boëtius, liv. 10. témoigne la même chose des anciens Ecossois. Dubravius, Liv. 8. le dit encore des Boëmiens ; & des Auteurs peu suspects nous le racontent des Chinois : Et parmi nos Gaulois, la Loi Salique, Tit. 21. §. 4. condamne les Sorciers & leurs operations. Pline, Liv. 38. Ch. 4. confierme cette Opinion par l'autorité de Catton, & Servilius Nonanius, un des premiers Senateurs, employoit le Sortilege pour guerir de certaines Maladies. Tout le monde sçait l'histoire l'histoire de ce Fantôme qui apparut à Brutus, luy disant qu'il l'attendoit à Philippes, & une infinité d'autres exemples dont les Histoires Romaines sont remplies.

Ici on pourroit nous faire une Objection, tirée de quelque Philosophes modernes, & sur tout du sçavant Pere Malbranche, on nous dira peut être que la certitude de nôtre Proposition se trouve trop litteralement prouvée dans les Ecritures avant la vennë de Jesus Christ, pour qu'on puisse l'attaquer; mais que du depuis, l'Ange du Ciel, sous la Parabole duquel il est lui même represénté, a dépoüillé le fort armé & qu'il en a delivré le Monde & sur tout les Chrêtiens. Cette Objection manié par une main aussi délicate a, je l'avouë, un dehors de verité qui peut surprendre; mais il restera à examiner si depuis la Mort du Fils de l'Homme, les Histoires Sacrées & Prophanes ne nous donnent point d'exemples de veritables obsessions, contre lesquels on ne puisse s'inscrire en faux: Or pour le prouver, il n'y a qu'à ouvrir l'Evangile & les Actes des Apôtres. En effet, ce seroit bien en vain que Jesus-Christ lui-même auroit avancé à ses Apôtres & à ses Disciples, qu'ils chasseroient les Demons des Corps des Possedez, s'il avoit rencoigné leur puissance dans les Tenebres: Et comment répondre d'ailleurs à une foule d'exemples des veritables obsessions que nous trouvons dans les Actes & dans les Epîtres des Apôtres, & qu'on ne peut revoquer en doute, sans toucher à la certitude des promesses de Dieu même? Que deviendra le sistême des Philosophes modernes, si nous joignons à des Autoritez si respectables une suite d'effets prodigieux du Sortilege & de la Magie, si bien contastés dans l'Histoire Ecclesiastique?

Tous les siécles en sont marquez par quelque époque des plus éclatantes. Simon le Magicien est trop connu,, & ses prodiges étoient si grands, que quelques Histoires nous aprenent qu'on lui avoit dressé des Statuës. Apollonius de Thiane n'est pas moins célébre par ses prestiges, dont les Payens étoient si frapez, qu'ils le comparoient à Jesus Christ même. Eusebe Liv. 4. Chapitre 10. de l'Histoire Ecclesiastique, raporte que Marc, Heretique, dans le second siécle, par des illusions de Magie, faisoit paroître du Sang dans le Sacrifice Eucharistique. On peut voir dans l'Histoire Ecclesiastique de Monsieur Fleury, dont l'autorité ne peut être suspecte, par un excés de crédulité sur cette matiere, combien la Magie faisoit des progrès dans le commencement de l'Eglise. Les Payens en triomphoient & prétendoient par là confondre les veritables Miracles des Chretiens: Saint Augustin nous le témoigne; mais ceux-ci, qui avoient des Regles pour le reconnoître, n'attribuoient tous ces prodiges qu'aux fourberies du Malin Esprit, ainsi que nous le voyons en la Vie de St. Irenée. Tertullien, qui ne s'y trompoit pas, leur disoit: *Amenez ceux qui sont possédez du Demon, & le moindre de nos Chrêtiens le forcera à confesser que c'est le Demon qui les agite* Jullien l'Apostat fut tellement adonné aux Arts Magiques qu'il les professa publiquement: Et M. Fleury nous raporte de lui, qu'étant entré avec un Sacriecateur dans la partie secrete d'un Temple, il fut effrayé de la forme sous laquelle les Démons aparurent; il fit involontairement le signe de la Croix, reste d'une éducation Chretienne, & alors les Démons disparurent. Le Prêtre lui en fit quelque reproche; & comme l'Empereur se fut rassuré, & le Pontife eut réïteré ses invocations, le Démon parut de nouveau & satisfit aux demandes de Jullien Si nous n'avions des bons garans de ce fait, on crieroit ici aux Compte de Fées. Enfin ces premiers siécles du l'Eglise fourmillent d'une foule d'exemples les mieux constatez. On peut voir St. Augustin, au Liv. 18. de la Cité de Dieu, chap. 14. St. Epiphane, Livre contre les Heresies, Heresie 27. où il est prouvé qu'on peut être Sorcier & Heretique tout ensemble. St. Gregoire de Nazianze, dans son Discours contre Jullien l'Apostat, & tous les Peres de ce tems.

Parmi les Payens, voyez Sozomene, Hist. Liv. 6. Socrate, liv. 4. Phyllon Juif, dans le Livre qu'il a composé sur les Decalogues. L'Eglise en Corps a reconnu l'existence de ce Mal : On peut voir la dessus les Conciles de Laodissée, Can. 36. d'Agde, Can. 2. de Tours, Cant. 42. le quatriéme de Mayence, Canon 101. le cinquiéme de Latran, Cess. 9. & presque tous les Conciles dans tous les siécles de l'Eglise. Les Peres en particulier parlent un même langage : Saint Cyprien, Liv. 4. Epit. 7. St. Cyrille de Jerusalem saint Jean Chrisostome : Optat de Milleve, & tous leurs Contemporains. saint Gregoire le Grand ajoûte, qu'un Basile, fameux Magicien, s'étant fait Moine, il fut surpris dans le Monastere s'apliquant à des Malefices, il en fut chassé ; d'où étant venu à Rome, on le surprit & condamna au feu.

Nous serions infinis si nous voulions raporter tous les exemples que les Histoires les moins suspectes nous fournissent. Hinc, Archevêque de Rheims, dans le neuviéme siécle, une des plus grande lumieres de l'Eglise des Gaules, aprés la mort duquel elle tomba dans l'obscurité, travailloit à déraciner ce Mal & il vouloit que les Evêques y veillassent ; *& si les corrections Ecclesiastiques ne suffisoient pas, les Rois les devoient ôter de sur la Terre.* Enfin nous nous bornons & nous nous en raportons pour les exemples aux Auteurs les moins suspects sur cette matiere, & parmi bon nombre des Auteurs de la Societé, Cornelius à Lapide dans ses Commentaires sur l'Exode, Chap. 7. Vers. 11. parle sur cette matiere d'une maniere à s'accommoder au goût du siécle ; & le Theologien Estius explique à peu prés de la même sorte les Operations des Démons & des Magiciens, dans ses Commentaires sur le Maître des Sentence, Liv. 2. Distinct. 17. & suiv.

Tous les Princes de la Terre ont eu si en horreur le Crime de Sorcelerie, qu'ils ont condamné au dernier suplice ceux qui en étoient atteints. Toutes les Loix que nous avons au Cod. sous le Tit. *De Maleficiis*, en sont une preuve bien forte. Et nos Rois même ont fait éclater en cela leur zele ordinaire pour la Justice. Les Capitulaires de Charlemagne condamnent au feu ceux qui sont convaincus de ce Crime. On trouvera dans nos Histoires & dans les Collecteurs des Ordonnances de nos Rois ; differens Edits contre les Sorciers sur tout dans Fontanon & dans la Marre, qui en raporte même une du mois de Juillet 1680.

D'ailleurs, les Registres de tous les Parlemens du Royaume sont remplis d'Arrêts qui ont condamné à la peine du feu ceux qui se servoient de ces Arts détestables. Nous pourrions en raporter ici une foule qu'on trouvera dans des Auteurs d'autant moins suspects, qu'ils citent des Procedures qu'ils avoient prises & instruites eux-mêmes, ou des Arrêts rendus à leur Raport A des preuves si fortes, joignons encore l'Autorité des Docteurs qui sont univoques sur cette opinion, & qui l'ont regardée comme constante & à ne devoir jamais être traitée *dextravagante :* nous sommes forcez pour nous contenir de les indiquer seulement ; il n'y a qu'à voir Charondas en ses Réponses ; Papon en ses Arrêts ; Chenu dans ses Centuries ; Basset ; Fevret en son Traité de l'abus ; Gregorius Tholosanus en son Sintagma Iuris ; & pour tout dire, le sçavant Dumoulin sur la Coûtume de Paris, Auteur qu'on ne soupçonna jamais de foiblesse, & duquel on peut bien dire, *dignus qui duceret agmen.*

Faut-il raporter encore les Arrêts du Parlement de Paris en 1548. en 1577. & en 1676. & du Parlement de cette Province en 1611. & en 1654. Ce dernier cité par Brillon, *in verbo adultere*, condamna un Prêtre à être pendu & brûlé pour s'être servi de Sortilege pour corrompre une Femme. Qu'il nous soit permis, en finissant cet Article, de joindre à tant d'Autoritez si respectables celle d'un Auteur Critique & de ses Commentateurs, qui pour être peut être moins grave, ne sera jamais taxée de trop de credulité : C'est celle du sçavant Monsieur Bayle, dans son Dictionnaire, Tom. 4. Art. Ruggeri dans ses Nottes, sur cette pensée : *S'il y a des Diables, il y a un Dieu.* Il met d'abord l'Astrologie judiciaire au nombre des Arts Magiques & de ces manieres de Deviner, qui sont fondées sur un Pacte avec le Démon : Il ajoûte que certaines Paroles prononcées, ces Figures ; ces Cercles, dont les Magiciens se servent pour executer leur cérémonie, ne sont que comme les indices ausquelles le Démon doit executer le Pacte primitif ; d'où il conclud que l'indulgence des Tribunaux Ecclesiastiques & Seculiers pour ces Arts est criminelle : On a, poursuit-il, des trés-bonnes Loix Civiles & Canoniques, mais on ne les execute pas. Le profond respect que nous avons pour la Justice, nous fait rejetter cette derniere idée. Ajoûtons neanmoins encore quelques unes de ces reflexions. Il traite d'abord de Blasphême l'opinion contraire à la Diablerie, & dit que c'est une forte preuve de l'existence de Dieu, que celle de l'existence des Diables : *Il y a des Diables, donc il y a un Dieu ; on est tellement persuadé de la justesse & de la necessité d'une telle conclusion, qu'on affirme sans balancer que ceux qui nient l'existence des Démons, dérobent aux Orthodoxes une préuve incontestable de l'existence de Dieu. J'avoue que je n'ai encore trouvé personne qui ne m'ait paru trés persuadé que l'existence du Diable prouve necessairement & invinciblement que Dieu existe.*

La pratique constante de l'Eglise dans tous les siécles, d'excommunier les Sorciers, passera-t'elle pour frivole ? Et croira-t'on que les Ordonnances Sinodales de tous les Dioceses du Royaume n'ont eu pour objet que de combattre une chimere ? quoi donc ! Sera-t'il possible que le concours des Loix divines & humaines ; l'horreur des plus grands hommes de l'antiquité ; les Decrets & les Anathêmes de l'Eglise, les décisions des Peres & des Docteurs, & celles des plus sages Tribunaux du monde, ayent perpetuellement combattu un vain Phantôme ? Cela pourra-t'il jamais tomber dans l'esprit d'un homme raisonnable ? Et ne faudroit-il pas pour en venir là n'avoir d'autre regle que celle du Pirrhonisme le plus obstiné ? Aussi voyons-nous que les hommes les plus éclairez de nôtre siécle même, ont fait une sage distinction entre la Question de Droit & celle de Fait, & que convaincu de la certitude de la premiere, comme on est necessité de l'être, ils ont reduit leur doute à la derniere. Prenons-les pour guides.

QUESTION DE FAIT.

QUE TOUT CE QU'ON A VU D'EXTRAORDINAIRE dans la Demoiselle Cadiere, ne peut-être que l'effet du Sortilege.

L'Eglise & les Auteurs, sur cette matiere, nous donnent certaines Regles ausquelles on peut reconnoître les veritables effets du Sortilege, & qui en peuvent constater l'existence. Nous allons voir qu'il n'est aucun de ces caracteres qui ne soit marqué dans les obsessions & les accidens de la Demoiselle Cadiere.

Le premier, c'est d'entendre, de parler des Langues inconnuës; son obsession a été marquée à ce premier indice: On a déja vû là-dessus les dépositions des deux Curez de la Cathedrale, & combien elles constatent cette premiere marque de l'obsession. Voici qui aneantit l'Objection de l'Accusé: Il prétend que François Amiot, septente-huitiéme Témoin à la Requête du Promoteur (il falloit marquer sa qualité) dit de changer les expressions de l'Interrogatoire: *Credis ne Diabolo*: & que lui ayant été dit: *Credis-ne Spiritus immundo*, elle ne répondit rien. Cependant Loüis Remoüis, quatorziéme Témoin, dépose, *que son dit Frere l'Ecclesiastique continüant de dire, precipio tibi ut exeas ex isto Corpore, immunde Spiritus*, ladite Cadiére répondit *je ne sortirdi point. Exi nune*, continüa son dit Frere; & elle répondit en même idiome, *je sortirai demain.* Ce fait est constaté par une foule d'autres Témoins. Clement Garnier septiéme; Claire Estienne dixiéme; Claire Berarde onziéme; François Garnier quinziéme; François Calas seiziéme; Loüis Calas dixseptiéme, & une infinité d'autres, dont les dépositions sont univoques & démontrent ce premier caractere d'obsession. Ce n'est pas tout, tous ces faits d'obsession se soûtiennent l'un & l'autre; & si les suivans sont surnaturels, ce premier ne doit pas l'être moins: Et en premier lieu ce qui le confirme encore mieux & ce qui est démonstratif même, c'est que Messire Giraud, Cure de Cathedrale, ayant *luimême fait une Priere tout bas & à dessein, elle avec sa main gauche, qu'elle remuoit en signe de rejet & de refus de ce qu'on faisoit, sembloit faire connoître qu'elle n'adheroit point à ce que l'on disoit.* Ce fait qui soûtient la premiére marque d'obsession est constaté par les dépositions des deux Curez, de Loüis Remoüis; & de tout les autres qui étoient presens à ces accidens.

Mais voyons si ce premier caractere est soûtenu par tous les autres; car les veritez doivent avoir entre elles un enchaînement qui emporte avec soi la conviction. Le second caractere de l'obsession est donc le roidissement des membres, convulsions, tension de la peau, &c. Or tous ces signes se trouvent dans la Demoiselle Cadiere. Ecoûtons les Témoins. Le quatorziéme dépose que la Cadiere *entra en des si grandes convulsions & tourmens, que lui deposant, touché de compassion, passa à l'un des côtez du lit pour la retenir, saisit ses mains & eut toutes les peines du monde pour la retenir, quoi qu'il fût assisté de deux autres personnes aussi fortes que lui: Qu'un troisiéme accident lui étant survenu, son col s'enfla comme il avoit fait au precedent, ayant les dents serrées, les unes contre les autres, en telle façon qu'il fut impossible aux plus forts de la compagnie de lui ouvrir la bouche, soit avec des cueilleres, soit autrement.* La Dame Marie Guerin, vingt-sixiéme, Témoin, dépose qu'elle *l'a vûë souvent dans des convulsions violentes, qu'elle l'a vûe martirisée de coups*; & tous les autres Témoins constatent ces faits plus palpables & plus réels & moins sujets à la fourbe; ainsi parlent les deux Curez. François Garnier, quinziéme Témoin; Loüis Callas, dix septiéme, & tous les autres. Or comment expliquer ces faits déposez par de Témoins non suspects, & que l'Accusé lui-même n'a point objectez? Comment expliquer cette tension de tous les membres? Ce gonflement du col, jusqu'à la hauteur du menton? Ces convulsions, dans une Fille de dix huit ans, d'un temperament delicat, que trois Hommes des plus robustes ne pouvoient arrêter? Voilà des faits prouvez qu'on ne peut attaquer Que les Incredules nous les expliquens. Les Jesuites qui ont traitté cette

Matiere les ont regardez comme de démonstrations de l'ètat d'obsession.

Le troisiéme indice sont les stigmates. On sçait que le Démon affecte malicieusement de marquer à son coin ceux qui lui sont malheureusement plus dévoüez, & que singe de la Divinité, il en imite tous les caracteres: *Ipsas quoque res*, dit Tertullien, *divinorum misteriorum emaculatur.* Ainsi voyons nous dans l'Histoire que les Carpocratiens, Secte fameuse par les Sortileges, marquoient leurs Disciples. Ainsi voyons nous encore dans St. Irenée, St. Epiphane, & le même Tertullien, que le Démon imprimoit certaines taches à ses Esclaves. *Tingit & ipse quosdam credentes & fideles suos exptationes delictorum de lavacro promittit, & sic initiat mitra, signat adhuc in frontibus milites suos.* Ces stigmates sont si évidemment prouvées avoir été empreintes dans la Demoiselle Cadiere, qu'il est impossible de se refuser à ce qui en resulte de la Procedure. Messire Giraud Curé, dépose *que la Guiol decouvrit le pied gauche de la Cadiere; lui montra le stigmate qu'elle avoit; qu'il le vit effectivement; que la Guiol ajoûta que la Cadiere avoit un autre stigmate à l'autre pied & un au côté gauche, mais qu'il ne les voulut pas voir.* La Dame de Lescot, vingtiéme Témoin; la Dame de Rimbaud, vingt-deuxiéme; Marie-Anne Boyer, cent huitiéme, & generalement presque tous les Témoins déposent d'avoir vû ces stigmates: Le fait est constant. Que sera-ce si à ce fait personnel à la demoiselle Cadiere, nous ajoûtons que les mêmes marques se trouvent également démontrés dans bien d'autres personnes du sexe qui étoient dans les mêmes états, & sous la même direction? Mais ce seroit sortir des bornes que nous devons nous prescrire, quelque force que cela pût donner à la certitude de nôtre Proposition. Qu'il nous suffise d'y ajoûter les Avus même du Pere Girard. Son témoignage pourra t'il jamais être suspecté: voicy comme il parle: Il dit *qu'il a vû en en effet la Playe qu'elle avoit à son côté; qu'elle luy a paru enfoncée, ordinairement sanglante.* En un mot, il en décrit si bien la situation & les dimensions, qu'il paroît qu'il l'avoit sondée: Il n'est pas moins exact dans la description des autres Stigmates.

Quatriéme indice de l'obsession: Les Transfigurations. On a vu dans le Mémoire de nôtre Sœur ce qu'en déposent Messire Giraud 2. Temoin; la Dame de Lescot 20, la Dame Marie Guerin 26. la Dame Rimbaud 22. Ces dépositions sont confirmées par celle de la Sœur Deprat 24. Témoin, de demoiselle Marie Hermite 105. Témoin & par la plus grande partie de cette Communauté; enfin par les Avus même du Pere Girard. Nous passons briévement sur les differens caracteres d'obsession qui ont déja été traitez, & nous nous dispensons même de raporter bien de dépositions qu'on n'a pu employer, & que nous obmettons encore pour ne pas fatiguer le gout d'une partie du siécle qui n'est que trop disposée à se revolter, quelque conviction que les faits que nous raportons puissent porter avec eux.

Mais voici un indice bien certain de l'obsession; c'est la penetration de l'interieur des consciences; & c'est en effet ce qu'il y a de plus audessus des forces de l'esprit humain & ce qui annonce plus clairement le prodige; c'est aussi un des caracteres le mieux prouvé dans la demoiselle Cadiere. La Guiol depose par la bouche de Messire Giraud Curé, *que la Cadiere connoissoit le fonds des consciences; qu'elle lui avoit dit à elle-même un jour qu'elle venoit la voir: Ah! mechante qu'avez vous fait! Et ladite Cadiere lui dit ce qu'elle avoit fait, ce qui étoit veritable.* La Dame de Lescot, 20. temoin, depose que la Cadiere avoit *le secret de la connoissance des consciences & des pensées les plus cachées.* La Dame Claire Guerin, dans son recolement, atteste encore mieux cette connoissance de l'interieur, ainsi que la Dame Marie Guerin. Mais pourquoi employers des témoignages étrangers ? Il en faut d'une autre espece dans cette Cause. Ecoûtons le Pere Grinet Jesuite, Professeur en Theologie, il nous dit dans sa Lettre communiquée au Procès que la Demoiselle Cadiere connoissoit si bien l'interieur de sa conscience, *qu'elle m'inspire*, dit-il, *une docilité d'enfant à faire tout ce que vous me direz de sa part, & une reconnoissance des grace qu'il m'a faites par vôtre moyen qui surpasse tous les termes d'ont je pourrois me servir.* Et le Pere Girard lui.même ne nous dit il pas que la Demoiselle Cadiere, *connoissoit l'interieur des consciences, que c'étoit tantôt des mouvemens & de connoissances particulieres qu'elle recevoit de ce qui se passoit en elle, de ce qu'elle devoit faire, & de ce qui se passoit chez les autres.* L'Accuse voudroit-il suspecter son propre témoignage.

A tant de preuves évidentes ausquelles on doit reconnoître une cause surnaturelle, joignons ici quelqu'autre caractere d'une réelle obsession, que nous allons renfermer dans quelques reflexions générales. La Dame d'Aubert, Abbesse d'Ollioules, depose *qu'elle a remarqué de choses si peu communes dans la Demoiselle Cadiere, qu'elle a eu lieu de croire, & a crû effectivement qu'il y avoit du Sortilege dans les fait de ladite Cadiere.* La Dame Marie Guerin, vingt-cinquiéme Témoin ; la Demoiselle Anne Martin, vingt-neuviéme ; la Demoiselle Victoire Aubert, trentiéme ; la Dame Margueritte Guerin, trente-deuziéme, déposent des faits qui leur sont personnels, aussi bien circonstanciez & non moins surnaturels : Que ne pouvons-nous nous mettre au large & raporter leurs dépositions. Mais enfin à qui en croira-t-on, si les Avûs même du Pere Girard sont suspects : La Dame de Beaussier, Religieuse Clairiste, lui dit *qu'après la transfiguration de la Cadiere elle l'avoit vûë communier ; à quoi le Pere Recteur répondit, ne voulez-vous pas que je le sçache : puisque c'est moi-même que l'ai Communiée : Et alors la Démoiselle Beaussier dit à elle Déposante, entends-tu cela Qu'elle merveille ! Ils sont Saints l'un & l'autre : Et alors ledit Pere Recteur qui entroit dans la Chambre de la Cadiere qui étoit couchée dans son lit, lui dit : Ah, petite gourmande, vous venez toûjours me prendre la moitié de ma portion.* Ces faits peuvent-ils être revoquez en doute ? Et l'Accusé pourra-t il les expliquer naturellemens ! Nous laissons à tout homme raisonnable à y reflèchit sans prévention ; & pourra-t il ne pas y reconnoître quelques chose de surnaturel !

Nous aurions souhaité pouvoir passer encore plus légerement sur une infinité de faits de cette nature qui resultent de la Procedure, pour nous accommoder au tems ; & c'est aussi dans cette vûë que nous en avons obmis un grand nombre d'autres, qui joints aux premiers, forment un corps de preuve auquel il est impossible de resister, qui démontrent quelque chose de surnaturel & les effets les mieux marquez du Sortilege.

Il resulte de tout ce que nous venons de raporter deux consequences également victorieuses pour faire éclater l'innocence de Messire Cadiere. La premiere, c'est que le Public ne doit plus être surpris, si spectateur qu'il étoit, avec toute sa Famille, de tant de prodiges, leur simplicité avoit été la dupe de la fourberie de celui qui en étoit l'Auteur. Aveugles qu'ils ètoient sur leur cause, pouvoient-ils en chercher une autre que celle que le Pere Girard leur montroit ; la saintetè prètenduë de la Demoiselle Cadiere? Rien n'est plus naturel. En effet, que de gens aussi simples que l'étoient toute cette Famille, dont la bonne foi n'éclate que trop dans cette affaire, & à l'honneur de laquelle tous ses Ennemis n'ont rien eu à reprocher: Démonstration entiere de leur probité: Rien de plus naturel dis-je, qu'ils ayent donné dans de piéges aussi extraordinaires. Peut-être l'avoüera-t'on même sans peine, de moins simples qu'eux y eussent donné; & quelque ennemi que soit le siécle de la crédulité, de plus habiles qu'eux eussent été frapez de tant de faits extraordinaires desquels une foule de témoins étoient même surpris.

La seconde consequence que nous en tirons & pour laquelle nous avons été engagé de traiter l'une & l'autre question un peut au long; c'est que Messire Cadiere ne peut être regardé comme coupable, pour s'être servi à l'égard de sa Sœur des remedes que l'Eglise ordonne en pareil cas. Qu'on nous permette encore quelques reflexions qui sont interessante à la défense de nôtre Cause. Envisageons ce Prêtre témoin de tant de prodiges, qu'on doit reconnoître surnaturels; qu'on considére que M. l'Evêque lui-même l'avoit tiré, avec toute sa Famille, de l'aveuglement où ils étoient, & leur avoit fait connoître que ce n'étoient la que des fascinations du Démon · que ce Prélat avoit exorcisé la Demoiselle Cadiere, & avoit ordonné les Exorcismes en cas de nouveau besoin. Ne perdons pas ces points de vûë, & pesons ici au poids du Sanctuaire ce que disent tous les Témoins à l'égard de Messire Cadiere sur cet Article.

Messire Gandelbert, Curé de la Cathedrale, dit *que l'Abbé Cadiere prit une Etole & un Rituel, & il commença les Prieres de l'Exorcisme*; & Messire Giraud, autre Curé, dit *que Messire Cadiere lui faisoit des Prieres comme des Exorcismes* Claire Estienne, dixiéme Témoin, dit *qu'etant venuë dans la Maison de ladite Cadiere, & y étant montée avec plusieurs Voisins, elle y trouva Messire Cadiere Ecclesiastique & plusieurs autres, Messire Giraud, Vicaire de la Cathedrale, & oüit dire les Litanies*; François Callas, seiziéme Témoin dépose *que dans la nuit du 17. au 18. Novembre, il fut spectateur de divers accidens qui arriverent à la Demoiselle Cadiere & des Prieres qui lui furent faites par son Frere Ecclesiastique, desquelles il n'a rien retenu, parce qu'il n'entendoit pas le Latin, & ne sçait point les Ceremonies.* Tel est le langage de tous les Témoins pour ce qui regarde Messire Cadiere; & nous osons affirmer ici que tous ceux qui ont vû ces accidens de la Demoiselle sa Sœur, ne disent rien de plus sur son compte. Il a donc fait des Exorcismes. Mais Monsieur l'Evêque de Toulon n'en avoit-il pas fait, & ne lui avoit il pas permis de les employer, en cas de nouveau besoin? Est-ce donc la cause de son Decret? On nous sçauroit mauvais gré d'y penser. Mais peut-être s'arrêtera-t on sur la forme; car enfin il faut ici tout craindre. François Meradou, cent vingt-uniéme Témoin, dépose *que Messire Cadiere Prêtre, sans être entierement habillé, l'Etole au col, ayant le Livre des Exorcismes; en main, exorcisoit sa Sœur.* N'est-ce point là ce qui peut avoir effarouché la regularité exterieure de nos Adversaires, & qui peut leur avoir avoir fait envisager démarche, ou comme un mépris des Cérémonies de l'Eglise, ou comme celle d'un homme qui étoit entré dans le ridicule complot que nos Ennemis osent nous imputer? Dans la premiere idée on doit se representer encore ici le trouble, l'agitation, suites ordinaires de pareils accidens: Une Mere qui vient éveiller ce Prêtre & lui annoncer que sa Sœur est sur le le point d'être étouffée: Qui ne sçait combien la tendresse fraternelle & la charité sont impatientes dans ces occasions, qu'elles nous font oublier les déhors les plus essentiels de la regularité? Quoi de plus naturel que de courir promptement aux remedes dans ces extrêmitez, sans s'arrêter aux formes? N'est-ce pas dans des cas si pressans où l'on peut dire *quislibet homo miles?* Messire Cadiere n'écoute en effet que sa tendresse; il court, il s'empresse de soulager sa Sœur qu'il trouve dans l'état le plus triste : Il emploit les remedes dont l'Eglise & son Prélat l'ont fait le dispensateur. On sçait combien ancien en est l'usage : L'Histoire le fait remonter jusques au tems de Salomon, ainsi que nous le dit Polid. Virgile, *Lib. 4. de invent. rer. Cap* 5. La Sinagogue l'employa de tout tems pour chasser le Démon; l'Eglise le reçût ensuite par le commandement de Jesus-Christ, comme l'Ordre des Exorcistes qu'il institua ne permet pas d'en douter. On peut voir là-dessus St. Ciprien, Liv. 4. Chap. 7. Tertullien, *Lib. ad Scapulam*, St. Cirille de Jerusalem, *in præfat. Cathefeon*, St. Jean-Chrisostome, *Hom. de Adam & Eve*, Optat de Mile, Liv. 4. *contra Donat.* & tous les autres Peres : Aussi les Exorcismes ont toûjours été regardez par les Fidéles comme les principales défenses qu'ils puissent oposer aux attaques du Démon; de là ils ont été d'un usage constant dans tous les Siecles de l'Eglise. Peut-être nous dira-t'on que tout cela ne suffit point pour dispenser un Prêtre de la décence & de la regularité que l'Eglise prescrit dans ses fonctions : Mais peut-on disconvenir qu'il est des cas où une grande foy & le besoin pressant peuvent supléer à tout? Ainsi trouvons-nous dans Joannes Christianus Frommann. *de fascinat.* Liv. 3. Part. 9. Chap. 4. Num. 15. Pag. 949. que le grand St. Ignace de Loyola, sans avoir recours au Rituël, se servit de ce Vers du Poëte Romain : *Speluncam Dido dux & Troyanus eandem, pour chasser le Demon di corps d'une Femme possedée qui le prioit de la secourir, qu'aussi-tôt elle fut renversée par terre, & que le Diable la quitta, & demanda pour grace de n'être point enfermé dans la Caverne éternelle, il obtient la permission d'aller par tout où il lui plairoit, pourvû qu'il n'obsedât plus aucun Homme.* L'Auteur qui raporte ce trait d'Histoire l'a tiré de Hasemmeüllerus, Hist. Jesuit. Cap. 8. Pag. 296. Telle étoit la conduite de ces grands Serviteurs de Dieu, dans les cas pressens; leur foi redoubloit leur zele & les faisoit employer toute sorte d'armes pour combattre un tel Ennemi. Nous voyons encore plus recemment que l'illustre Pere Cotton Jesuite, Confesseur de nos Roys Henry IV. & Loüis XIII. exorcisant une Fille nommée Adrienne Dufresne, lui faisoit des demandes qui certainement ne furent jamais dans le Rituël Romain à l'usage d'aucun Diocése du Royaume. Faut-il donc être surpris si Messire Cadiere s'est un peu oublié pour la regularité que l'Eglise requiert dans ces fonctions? Il crût que sa foi pour tous les remedes qu'elle nous ordonne seroit suffisante, & sur tout étant autorisée de l'exemple & de l'ordres de son Pasteur. Enfin si son zele fut un peu impatient, en seroit il moins excusable, ou même pourroit-il en être blâmé? Et pourroit-il avoir été un motif du Decret dont il se plaint? Si c'en est là la cause, il espere que la Cour sentira combien elle est injuste : En un mot, il a fait des Exorcismes; mais son Prélat n'en avoit-il pas fait lui-même? Et ne les avoit il pas ordonné en cas de nouveau besoin! Raisonnablement pourroit-on penser qu'un Prêtre ait été decreté pour avoir suivi l'exemple & les ordres de son Pasteur?

Après avoir établi en Droit & en Fait que la Demoiselle Cadiere ayant été obsedée, Messire Cadiere son Frere étoit fondé dans les Exorcismes qu'il lui a fait, sur l'Autorité de l'Eglise & la permission de son

Prélat,

Prélat, qu'on nous permette de considerer un moment la conduite du Pere Girard pendant le tems de cette obsession ; il répond d'abord au 42. Interrogatoire, *qu'il ne determina rien* sur l'acceptation de l'obsession, *mais que quand il le lui auroit conseillé, ce ne seroit pas lui qui lui auroit communiqué le Démon*. Il en voit ensuite les effets prodigieux ; il s'enferme dans la chambre de sa Penitente pour les examiner de plus près ; il déclare, pour excuser cette demarche imprudente, qu'il s'enfermoit pour s'assurer de la realité de ces prodiges dont il doutoit. Dans le doute si les états de la demoiselle Cadiere étoient divins ou surnaturels ; s'ils étoient des prestiges du Demon, ou de la fourberie de cette Fille, que fait-il ? Il s'enferme avec elle, il la fait com-communier tous les jours, peut-on le penser sans horreur ? Mais ce n'est pas tout, il avouë lui-même qu'elle étoit réellement obsedée, il ne pouvoit donc plus en douter, & voilà l'impieté dans son comble, puisque dès que l'Accusé convient de l'obsession de la demoiselle Cadiere, il est forcé de convenir aussi qu'il a joüé la Religion, les Parens de cette Fille & tout le le public ; son défenseur n'a garde de parler de ses avûs, ils sont trop pressans, il se renferme dans des generalitez que le penchant du siecle, à l'incredulité sur cette matiere, lui fournit abondamment ; nous l'y laissons reposer en paix, puisqu'il n'ose repondre à tant de témoignages peu suspects qui constatent si bien ces états extraordinaires dans la Procedure, & aux avûs mêmes de l'Accusé qui en certifie la realité de façon à ne laisser aucun doute. Quel remede, encore un coup, aporte-t'il à ce mal ? De s'enfermer avec sa Penitente, c'étoit-là, nous pouvons le dire, son spécifique universel. La Laugier est-elle dans un accident d'obsession, *elle mord*, *elle crache contre le Crucifix*, elle-dit *d'aller lui apeller ce Diable de Pere qui l'a mise dans cet état*. Le pere Recteur vient, fait sortir les Assistans de la Chambre de cette Fille, il s'enferme avec elle, une heure aprés il sort & dit qu'elle est guerie ; mais cela n'en point de nôtre Fait : Qu'il nous suffise d'observer que le Pere Girard a avoüé que la demoiselle Cadiere étoit obsedée, & qu'il n'y ait aporté d'autre remede que celui de s'enfermer avec elle, pour qu'il conste de là de sa fourberie & de son irreligion, & cela doit justifier encore plus Messire Cadiere pour les Exorcismes qu'il a fait, si l'exemple & la permission de son pasteur ne le justifioient plainement ; il est donc faux, faux respect, que Messire Cadiere ait exorcisé sans mission, ainsi qu'il est dit dans la page 21. du Memoire du pere Girard ; M. l'Evêque avoit lui-même exorcisé la demoiselle sa Sœur, le Fait est constant, il ne l'est pas moins qu'il avoit permis au Pere Nicolas & à ses Freres de l'exorciser en cas de nouveau besoin.

Nous devons détruire en passant la Fable qu'il a plu au Pere Girard de mettre sur le compte de Messire Cadiere, à la page 14. de son Memoire où il dit, *que le jeune Prêtre Cadiere crie de toute sa force par les Fenêtres, que sa Sœur se mouroit par les mains du Demon qui l'étrangloit* ; nous pourrions placer ici bien naturellement le *mentiris impudentissime*, mais il faudroit le rapeller trop souvent, pour les Faits mêmes qui sont personnels à Messire Cadiere ; qu'il nous suffise de lui demander qui est-ce qui lui a apris ce Fait : Nous le défions de le trouver dans la bouche d'aucun Temoin ; & d'ailleurs quelle contradiction ne decouvre-t'on pas dans cette fiction ? On veut en même tems faire faire à Messire Cadiere deux personnages bien contraires, on veut qu'il fasse des Exorcismes à sa Sœur, & qu'il crie aux Fenêtres, en chemise au mois de Novembre, qu'elle se mouroit par les mains du Démon :

La fausseté a été mal concertée' Messire Cadiere a fait des Exorcimes , nous en convenons , mais il étoit fondé sur l'exemple & la permission de son Evêque ; nous ne desavoüerons pas même que les allarmes où il étoit, & sa charité pour sa Sœur reduite dans un si triste état, ne l'ait empêché de s'habiller entierement. On nous aprend même dans la page 21. du Memoire du Pere Girard , *qu'il étoit tout tremblant* ; ne sont-ce pas là des preuves bien convaincantes de sa bonne foy & de son ingenuité ? L'état même dans lequel il étoit, est une démonstration de sa simplicité & qui doit seule faire rejetter tout soupcon : En un mot, en falloit-il tant pour le justifier à l'égard de ses Exorcismes ? La demoiselle sa Sœur a été reconnuë obsedée par M. l'Evêque qui l'avoit exorcisée lui-même, & qui avoit permis de l'exorciser encore ; le Pere Girard a reconnu cette obsession ; si Messire Cadiere a crû devoir plutôt suivre ce que l'Eglise prescrit dans ce cas, que l'exemple de l'Accusé, à quel Tribunal sera-t'il coupable ?

Que les Lettres communiquées au Procès, ne peuvent faire suspecter la bonne foy de Messire Cadiere, ni avoir donné lieu à son Decret.

Nous aurions cru devoir nous borner à justifier nôtre droiture , & nôtre simplicité à l'égard des Lettres de nôtre Sœur que nous avons copiées , & que le Pere Girard a produites au Procés. Mais les impostures qu'il a osé repandre dans se Refléxions sur le Receüil de ces Lettres, nous forcent en les repoussant de demasquer toute sa fourberie.

Le premier objet qui nous frape , c'est la trop judicieuse precaution qu'il prend de demander à Madame l'Abesse *que cette Demoisele puisse lui écrire sans que ses Lettres soient vûës & que ses Réponses aillent de même à elle sans être lûes.* Tout homme raisonnable est d'abord éfrayé à la vuë d'une demarche si suspecte ; mais l'Accusé veut bien nous rassurer. *Ces Lettres*, nous dit il, *ne rouleront que sur les dispositions de l'ame de cette Penitente & sur l'économie de son interieur.* Nous verrons bien-tôt que tout ne tendoit pas là , & quelles étoient ses veritables intentions. Il ajoute dans la p.7. de ses reflexions sur ses Lettres; *Que c'est l'usage universel dans les Communautez les plus regulieres & les plus austeres , de permettre que les Directeurs écrivent à leurs Penitentes & leurs Penitentes à leurs Directeurs, sans que les Superieures pensent à entrer dans des secrets de conscience, ni à rien lire de ce qui s'écrit de part & d'autre.* Nous avüons d'abord que nous aurions cru pouvoir disputer l'universalité de cet usage , & nous pensions ingenüement que les bonnes regles exigeoient que les Superieures des Monasteres vissent les Lettres écrites aux jeunes personnes qui sont dans leurs Communautez ; il semble même par deux raisons bien convainquantes, que l'Acusé se contredit évidemment ; car enfin si cet usage étoit si universel , pourquoi demandoit-il comme une grace qu'on le suivit à son égar , & pourquoi demandoit-il comme une grace qu'on le suivit à son égard, & pourquoi se munir d'ailleurs de sa reponse ordinaire , *le secrets des conciences ?* Or voyons si toutes les Lettres qu'il a écrites à cette Fille , & qu'il a lui-même communiquées ne le demeñtent pas absolument. Il faut ici qu'il reconnoisse lui même les contradictions qu'ontrouve à tous les pas dans le sistême de sa pretenduë justification. Dans toutes ces Lettres il n'est parlé ni de prés ni de loin de l'interieur de la conscience de cette Fille , il doit être forcé de l'avoüer, il nous en a lui-même fourni la preuve; mais peut être sommes nous injustes , il avoit un autre motil , il craignoit que sa modestie ne fut blessée par la grande opinion que la Dame Abbesse auroit conçuë de sa vertu à la lecture de ses Lettres ; oüi nous devons le reconnoître, l'humilité est delicate le moindre vent d'amour propre peut la ternir. Il n'y a donc qu'à examiner si cette simplicité exterieure s'accorde avec ses demarches, & c'est ici ou serieusement nous allons demasquer le fourbe, & demontrer à quiconque ne voudra pas fermer les yeux à la lumiere, que les deux Freres Cadiere n'ont jamais vû les Lettres de l'Accusé.

Quel est en effet le stratagême le plus criminel, qu'il n'ait employé pour que ses Lettres ne fussent lûës que de la demoiselle Cadiere ? De quel œil pourra-t'on regarder les ruses d'un Directeur qui écrivant à sa Penitente, en garde contre la curiosité de ceux sous la conduite desquels elle est, remet toûjours à des fideles messageres deux Lettres, l'une qui ne contient que des principes generaux de morale & des conseils de spiritualité pour être remises à l'Abbesse du Monastere, en cas que trop attentive à son devoir, elle refuse la grace qu'on lui a demandé ! Et l'autre dans laquelle étoient les veritables sentimens de l'Auteur pour être renduë à sa Penitente immediatement & en mains propres : ce fait est constant, il est prouvé dans la Procedure. La Batarel, qui avoit elle même porté ces doubles Lettres, en a rendu temoigge en Justice, & il l'a avoüé encore dan sa Confrontation avec le Pere Carme & le Pere Cadiere. A ce premier trait reconnoit-on *la pureté du cœur & la droiture d'intention* ? Ne peut on pas dire au contraire, *plus artis plus fraudis* : Et à qui est ce de bonne fois, que ce Jesuite voudra persuader que c'est là la conduite d'un homme simple & qui va le droit chemin ? Ce n'est pas tout, ce qu'il y a de plus respectable dans la Religion a été prophané pour jetter une nuit impenetrable sur ces iniquitez, Le Pere Girard étoit si attentif à éloigner tout ce qui pouvoit faire decouvrir ce mystere, qu'il avoit envoyé à sa Penitente un Formulaire de confession qu'elle devoit suivre si elle alloit à confesse au Directeur de la Communauté, avec défenses expresses de ne rien dire que ce qui étoit contenu dans ce Formulaire. Ce fait est encore aussi bien prouvé par la Procedure, par la deposition des Témoins & sur tout par celle de la demoiselle Victoire Aubert 30. Témoin qui dit, *qu'étant au Couvent de Sainte Claire d'Ollioules, la Demoiselle Cadiere lui avoit montré un Formulaire de confession que le Pere Girard lui avoit envoyé dans une Letre*. Quel abus sacrilege des Sacremens de nôtre Religion ? Rien n'a été oublié pour faire garder à cette Fille un secret inviolable pour tout ce qui se passoit entre son Directeur & elle ; de quel front après cela, l'Accusé vient il nous dire dans la premiere page de ses Réflexions *que le Pere Cadiere & son Frere l'Ecclesiastique composoient les Lettres de leur Sœur ?* Peut-il ignorer que la Communauté entiere des Dames Clairistes d'Ollioules lui a donné un démenty authentique ? Il n'a qu'à les écouter. La Dame de Lescot 20. Témoin dit, *que le Pere Cadiere Dominiquain & son Frere l'Ecclesiastique visitoient leur Sœur deux ou trois fois la semaine, quelquefois quatre, & que soit au Parloir, ou au Confessional, ils écrivoient les Lettres & le Carême que leur dictoit la Demoiselle Cadiere*. La Dame Reimbaud 22e. Temoin dépose, *que la Demoiselle Cadiere dictoit au Confessional au Pere Cadiere, son Carême & les Lettres qu'elle lui dictoit, & que son Frere l'Abbé écrivoit aussi quelquefois*. La Dame Claire Guerin 27e. témoin dit dans son Recolement *qu'elle a vû le Pere Cadiere écrivant au Confessional, & sa Sœur qui lui dictoit*. La Sœur Deprat Converse, 24e. Témoin, ajoûte dans son Recollement, *qu'elle vit le Pere Cadiere à qui l'on donnoit un Cierge pour écrire à l'entrée de la nuit au confessional, le Carême & des Lettres que sa Sœur lui dictoit.*

Enfin les depositions de presque toutes les Religieuses d'Olliuoules sont univoques là-dessus. Est ce donc les Freres Cadiere qui composoient les Lettres de leur Sœur ? Des Témoignages aussi précis & aussi peu suspects ne doivent-i's pas faire crier à l'imposture contre le Pere Girard ? Et n'est-ce pas le comble de l'iniquité, qu'il veüille nous faire un Crime d'avoir été les dupes de sa fourberie ? Peut-être nous dira-t'il ici, avec son ingenuité ordinaire, qu'il n'a pas vu la Procedure; mais à qui le persuadera-t'il? Faut-il le convaincre qu'il en a vu jusqu'au dernier reply ? Où est-ce par exemple qu'il à pris ce qu'il dit la p. 2. de ses Réflexions, *que Messire Cadiere pretend qu'étudiant en Theologie chés les Peres Jesuites, le Pere Recteur devoit connoître son écriture ?* N'est-ce pas des des reponses de celui-cy qu'il l'a tiré mot à mot ? N'a t'il pas encore puisé dans l'une & l'autre Procedure , ce qu'il dit à la page 21. de son Memoire au sujet des Curez, du Chirurgien , & du Bourgeois ? Il est vrai qu'il lui a fallu tronquer & tortionner les dépositions, mais n'importe, rien ne lui coûte, & enfin toutes les nottes qu'il a faites sur ses Lettres nous démontreront que la procedure lui est familiere; mais laissons le jouir en paix du mensonge & poursuivons nos réflexions.

Il semble bien naturellement que la même confiance qui a enhardi aujourd'huy l'Accusé à publier ses Lettres, auroit pu le laisser tranquile sur l'usage qu'on en pouvoit faire; ne voyoit il pas en effet, que son innocence eut été reconnuë dans ses Lettres produites par la Demoiselle Cadiere, si elles étoient *si pures, si saintes, si édifiantes ?* Du moins n'avoit il pas à craindre qu'on peut jamais en faire aucun usage contre lui, ou qu'elles pussent l'incriminer, si on venoit à les produire; pourquoi donc tant d'inquietudes, tant de soins, tant d'empressemens pour les retirer ? Mais en bonne foy y pense-t'il ? Quel fond peut-il pretendre que des Juges éclairez puissent faire sur ses Lettres qu'il a arrachées des mains de la demoiselle Cadiere ? Etoit-ce pour venir aujourd'huy les produire au Procés sans alteration? N'est ce pas là se mocquer de la crédulité publique, & faire insulte au sens commun & à la raison? Ils réclameront toûjours l'un & l'autre leurs droits, & dépoüillez de toute prévention, ils jugeront de toutes ces Lettres par celle du 22. Juillet. De plus longues reflexions là dessus seroient non-seulement surabondantes, mais fairoient même outrage au discernement de nos Juges; cela est reservé à l'Accusé, c'est ainsi qu'il dit à la premiere Page de ses Réflexions sur le Recuëil de ses Lettres, *qu'il est la plus simple & la plus nature demonstration, non-seulement de l'innocence du Pere Girard, mais encore de l'imposture de la demoiselle Cadiere & de ses deux Freres le Dominicain & l'Ecclesiastique*, & à qui est-ce donc qu'il adresse cette Préface ? Est ce au troupeau cheri de ses penitentes aveuglées, ou à des Juges éclairez, & à un Public judicieux qui sçavent déja toutes les ruses qu'il a employées pour empêcher que ses Lettres ne fussent luës que de sa Penitente; & tous les soins qu'il s'est donné pour les retirer de ses mains dans le tems qu'il craignoit un éclat ? Envain nous dit-il, *Que la Divine Providence ayant bien voulu pour sa justification, que ces derniere lui revinssent d'une maniere qui tient en quelque sorte du prodige.* Si tous ceux que nous avons vu s'operer en nôtre Sœur & les autres Devotes du pere Girard n'étoient pas plus extraordinaires, nous n'aurions pas eu besoin d'en chercher des causes surnaturelles; il auroit suffi de lui dire, le prodige tombe, vôtre seule crainte & vos empressement subsistent; la Gravier, dont le témoignage ne vous sera point suspect, depose d'avoir été par vôtre ordre retirer vos Lettres des mains de la Demoiselle

moiselle Cadiere, & un grand nombre des Religieuses d'Ollioules ont été Témoin de la simple & innocent remission qu'elle en fit avec tous ses papiers.

On voit déja quel fond l'Accusé peut faire sur les Lettres qu'il a produites, & que nous sommes au contraire fondez a en tirer contre lui toutes les présomptions qu'elles nous fourniront naturellement : Après tout, il ne prétend nous suspecter que par les Lettres de nôtre Sœur, nous examinerons en détail les nottes qu'il y a fait ; mais auparavant, rapellons ici quelques réflexions sur nôtre simplicité à servir ses desseins iniques, en croyant aveuglement de contribuer à ceux de Dieu même ; nous l'avoüons encore, nous avons été les Ministres innocens d'une partie d'un commerce de Lettres qui n'a été que trop criminel : Mais qui eût pû le croire ? Témoins, comme nous avions été, de tant de prodiges qui s'operoient en la Pénitente, & de la plus rafinée hypocrisie du Directeur, nous aurions crû être ingrats envers Dieu si nous n'avions cooperé à une œuvre si Sainte en aparence, & si inique dans le fond. Tant de prodiges, tant de faits surnaturels qu'on nous donnoit pour des Miracles de la Grace, eussent fasciné des esprits moins simples, aussi les Freres Cadiere furent aisément trompez, & dès que la Demoiselle leur Sœur, qui sçavoit à peine se signer, les eut prié d'écrire sous son dictamen, ses réponses aux Lettres du Pere Girard, que personne au monde qu'elle, n'a vûës, Messire Cadiere volut bien la satisfaire, tantôt en écrivant les minutes qu'elle lui dictoit, tantôt en copiant celles qu'elle avoit dictées à son Frere le Dominicain.

La premiere preuve que le Pere Girard a voulu donner de la mauvaille foy de Messire Cadiere, est en verité la plus pitoyable qui fut jamais ; elle merite que nous en montrions tout le ridicule, il dit *qu'il a cru que ses Lettres & les Réponses de sa Penitente, n'étoient vûës que par elle, que cependant il s'est aperçû du depuis en depliant certains rouleaux de papiers de la Cadiere, que ces Lettres & ce Memoire n'étoent pas de son caractere* & de là il prétend conclure que comme nous avions copié les Réponses nous devions avoir vû ses Lettres ; la consequence seroit d'abord très-absurde, nous avoüons toûjours d'avoir copié ces Lettres & ce Mémoire : Mais de là peut-il en conclure que nous ayons vû ses Lettres ? Et d'ailleurs, est-ce à des gens raisonnables ausquels il persuadera qu'il a crû que cette Fille les eut écrites elle-même ? C'est faire un abus trop manifeste de la crédulité publique pour ne pas l'irriter ; comment veut-il qu'on puisse penser qu'il a pris le Caractere du Pere Cadiere, ou de son Frere l'Ecclesiastique, pour celui de leur Sœur, qu'il n'ignoroit pas sçavoir à peine mettre son seing ? Et quoy ! Ne reconnoissoit-il pas dans ces Lettres la fermeté du caractere dont les Personnes du Sexe ne sont guére capables, comme l'Accusé l'avouë lui-même, l'Ortographe & la Ponctuation, qui supposent quelque étude, & qui ne furent jamais du ressort d'une Fille élevée si simplement ? Malgré tout cela, si nous l'en croyons, il aura toûjours pris le caractere de Messire Cadiere pour celui de sa Sœur ; c'en est trop, nous l'avons déja dit, c'est vouloir tiraniquement en imposer au sens commun.

D'ailleurs si l'Accusé vouloit être de bonne foi, pourroit-il disconvenir d'avoir vû cent & cent fois bien de Pieces que le Pere Grignet faisoit copier à Messire Cadiere, lorsqu'il étoit dans leur Seminaire ? Mais n'en attendons rien, il faut le convaincre par lui-même : N'avoit-il pas reconnu depuis long-tems le caractere de Messire Cadiere, & celui même du Pere Dominicain son Frere, soit dans le Memoire de la

Sœur de Remusat dont nous parlerons bien-tôt, ou dans celui du voyage de la Demoiselle Cadiere, ou enfin dans le commencement du Carême de celle-ci? Bien plus, n'avouë-t'il pas dans ses réponses d'avoir vû la minute de la Lettre que la Demoiselle Cadiere envoya à l'Abbesse, écrite de la main du Pere Cadiere? Ce qui prouve 1°. Que le Pere Girard connoissoit le caractere des Freres de cette Fille. 2°. Qu'il sçavoit qu'elle leur dictoit ses Lettres. C'est donc par là sans doute qu'il avoit reconnu l'un & l'autre caractere. Que repond-il à une Objection si pressante? Qu'il avoit fait un rouleau de tous ces papiers, & qu'il les avoit jettez dans son Bureau. Quelle ridicule excuse! Si l'Accusé veut que nous l'en croyons, qu'il accorde ses demarches avec son imposture. Le commencement du dernier Memoire lui tenoit trop à cœur, & il ambitionnoit trop d'en avoir la suite. Faut-il lui donner une preuve contre laquelle il ne s'inscrira point? Toutes ses Lettres, où les empressemens les plus vifs sont si bien marquez, ne tendent selon lui-même, qu'à avoir de la Demoiselle Cadiere le reste de ce Memoire; & quoi! Aura-t'il donc eu un si grand mepris pour le commencement d'un ouvrage dont il desiroit tant la continuation? N'est-il pas plus naturel de conclure qu'il ne desiroit que sa Penitente poursuivit ce Memoire, que parce que le commencement, qu'il relisoit si souvent, en flâtant sa vanité, le portoit à en demander la fin, comme il faisoit dans presque toutes ses Lettres?

On fait à la seconde page des Reflexions sur le Receüil des Lettres, une histoire de celle que la Demoiselle Cadiere envoya d'Aix au Pere Girard: c'est ici pour ainsi dire le Fort inexpugnable de la phantastique justification de cet Accusé, d'où il prétend battre en ruine nôtre bonne foy: Il faut lui en montrer tout le foible. Ce Directeur ayant inspiré à sa Pénitente de venir en cette Ville, sous pretexte d'y consulter le Pere Boutier Jesuite, il lui prédit tout ce qui lui arriveroit dans le cours de ce voyage; cela ne surprenoit point cette Fille, & les dépositions de quelques Religieuse d'Ollioules nous prouvent bien clairement que la connoissance de l'avenir n'étoit point au-dessus des lumieres de l'Accusé. Q'on se recrie tant qu'on voudra; le Fait est prouvé par la Procedure. La Demoiselle Cadiere étoit donc convaincuë de la certitude de ces prédictions; mais comme la flateuse idée de voir un jour ses Devotes au rang des Bienheureuses modernes a toûjours été un des premiers mobiles du sistemede de l'Accusé, & qu'il ramassoit dès lors toutes les piéces necessaires au Procès-Verbal de la future Canonisation de la Demoiselle Cadiere, ainsi qu'on peut voir par le Memoire qu'il lui fit écrire de tout ce qui lui étoit arrivé dans ce voyage, par celui qu'il avoit fait écrire à la Dame de Lescot, & qu'on n'a osé publier, & par une infinité d'autres faits, il lui ordonna de lui envoyer exactement l'effet de ces prédictions. Cette Fille, qui ne sçavoit point écrire, & à qui son Directeur avoit tant recommandé la discretion à l'égard des *personnes étrangeres*, ayant éprouvé plus que d'une fois la réalité de ce que l'Accusé lui avoit annoncé, fit écrire à son Frere le Dominicain ce que le Pere Girard lui avoit prédit, & pria ensuite Messire Cadiere de vouloir le copier. Ce dernier, frapé des dons miraculeux de sa Sœur & de la sainteté de son Directeur, satisfit aveuglement à cette demande: Et pouvoit-il douter un moment que sa Sœur n'eût des connoissances de l'avenir? Le Pere Girard lui-même ne l'avoüe-il pas dans ses réponses; D'ailleurs ses Devotes & le Pere Grignet même en avoient trop infatué cette infortunée Famille, pour que leur bonne foy pût entrer dans le moindre doute sur la simple assertion de leur Sœur. Telle est au naturel l'histoire de cette

Lettre, de laquelle on ne peut douter un moment, dès qu'on veut bien se rapeller le funeste aveuglement ou tous les Parens de cette Fille avoient été jettez par les fourberies de l'Accusé. D'ailleurs, que trouve-t'on dans cette Lettre qui puisse faire suspecter la simplicité des Freres Cadiere, indépendemment même de la veneration qu'ils avoient pour tout ce qui venoit de leur Sœur? D'ailleurs il paroît par le contenu même de cette Lettre que le Pere Girard étoit instruit de tout ce que cette Fille pouvoit lui écrire, & qu'il n'ignoroit même rien de tout ce qui se passoit. Cette Fille ne lui dit-elle pas: *L'etat deplorable où je me trouve, qui ne vous est point inconnu.* Et plus bas: *Pour ce qui regarde le R. P. Boutier, je me trouve disposée à lui parler jusques à un certain point.* Cette Lettre, & toutes les autres de cette Fille, nous prouvent demonstrativement qu'il n'y avoit que le Pere Girard pour lequel il n'y eût rien de caché.

La fausseté de tout ce qu'on nous dit sur celle du 9. Août éclatera encore plus naturellement. On nous demande comment *nôtre Sœur de son lit, aussi malade qu'elle dit, nous l'a dictée, puisque nous n'étions pas dans le Monastere d'Ollioules?* Si les Freres Cadiere avoient autant de besoin que l'Accusé de saisir jusqu'aux subtilitez pour leur défense, ils n'auroient qu'à lui répondre que leur Sœur dit dans cette Lettre, qu'elle prit medecine le matin, ce qui n'empêcheroit pas qu'elle n'eût pû venir la leur dicter à l'un ou à l'autre le soir; mais leur bonne foi n'a pas besoin de recourir à de semblables excuses, elle doit être plus naturelle. Il leur suffit d'être en état de justifier que cette Fille voulant voir ses Freres qui étoient arrivez à Ollioules l'après midi, elle se fit porter au parloir, où elle leur dicta efectivement cette Lettre. Ce fait est d'ailleurs accordé par les Parties dans leur confrontation. Que devient après cela cet air de confiance avec lequel l'Accusé crie à la fourberie dans ses Reflexions sur ces Lettres, & par lesquelles il pretend se disculper d'une accusation aussi grave & de la verité de laquelle il est si bien convaincu?

L'Objection qu'on nous fait sur ce que la Demoiselle Cadiere sçachant écrire son nom n'a point signé ces Lettres, n'a pas certainement plus de solidité; peut-être conviendra-t'on qu'il étoit inutile qu'elle signât les minutes. Et pour ce qui est des Lettres copiées par Messire Cadiere, nous n'avons qu'à lui répondre, que lorsque celui-ci disoit à sa Sœur de les signer, elle le prioit de le faire pour elle-même. Qu'outre ce, il est faux que la Demoiselle Cadiere n'en ait signé aucune; n'a-t'il pas été loisible au Pere Girard de garder devers lui celles qui étoient signées de sa main? Rien n'assortissoit mieux le dessein prémedité où il a toûjours été de suspecter nôtre conduite. Se flâte-t'il qu'on le croira sur des sermens qu'il fait avec *sa sincerité ordinaire?* Le pariure seroit-il un crimes chez lui quand *il peut lui en revenir un bien?* D'où vient qu'il a affecté de ne produire aucune minute de la main de Messire Cadiere? Il doit pourtant en avoir un grand nombre, puisque comme ce dernier alloit plus souvent à Ollioules que son Frere le Dominicain, il lui est arrivé très-souvent d'écrire sous le dictamen de sa Sœur les minutes qu'il copioit ensuite pour envoyer au Pere Girard. Ose-t'il pretendre qu'on l'en croira sur sa parole quand il dit qu'il a *remis tous les Papiers de la Demoiselle Cadiere, & ses propres Lettres sans alteration?* Ne sçait-on pas qu'il a pû refaire les siennes, & suprimer celles de la Demoiselle Cadiere qui ne lui étoient pas favorables, puisqu'il a eu même la hardiesse de changer les dattes de celles qu'il a produites? ou d'en mettre à celles qui en manquoient, qui pussent les faire quadrer avec les siennes, *le tout simplement*, dit-il, *& pour donner quelque ordre, & quelque arrengement à ces Lettres?*

Il resulte déja de ce que nous venons de dire, que le Pere Cadiere ni son Frere le Prêtre ne peuvent être soupçonnez d'avoir fait ces Lettres, soit par raport aux depositions du plus grand nombre des Dames Clairistes d'Ollioules, qui temoignent toutes avoir vû la Demoiselle Cadiere les leur dicter, soit parce que ces Extases, ces Revelations, ces Transfigurations, dont le detail fait presque la matiere de toutes ces Lettres, sont si réelles, qu'il n'en est aucune dont il ne soit parlé dans les depositions de ces Religieuse. N'est-ce donc pas un trait bien marqué de l'impudence de ce Jesuite de nous dire dans la page 3. de ses Reflexions, *que c'est la preuve de l'insigne fourberie des Freres & de leur Sœur ?* Mais voici deux contradictions énormes dans le plan des défenses de l'Accusé ? il faut le forcer d'en convenir lui-même : Il nous dit d'abord dans la même page & dans le même Article que ces Lettres *n'ont été composées que par les deux Freres*; comment veut-il donc que la Demoiselle Cadiere ait reçû ces Lettres, & que les deux Freres qui ne les voyoient point, ayent composé les Réponses ? Quelle fâcheuse absurdité, & qu'il est difficile de donner toûjours au mensonge un dehors de verité ? Et qui est-ce donc qui a remis les minutes de ces Lettres à la Gravier ? N'est-ce pas la Demoiselle Cadiere ? Elle les gardoit donc : l'Accusé le reconnoit aussi, & il avouë sur la fin du même article, qu'il faut que la Sœur ait été de la partie : Mais il faut le pousser à bout, & s'il n'avoüe que toutes les Religieuses d'Ollioules sont entrées dans le dessein des Freres Cadiere pour le tromper, son sisteme ne peut plus se soûtenir : & en effet, si comme nous avons déja dit, ces Extases, ces Visions & tous ces Faits extraordinaires dont ces Lettres sont remplies, sont constatées par les dépositions de toutes ces Religieuses, il s'ensuit necessairement que, ou il n'y a point de la fourberie de la part de cette Fille & de ses Freres, ou toutes les Religieuses d'Ollioules doivent y avoir eu part : Que veut donc l'Accusé qu'on en pense ? Il n'a qu'à nous le dire. Bien plus, le Memoire de la Dame de Lescot, qui est rempli de tous ces accidents, & que le Pere Girard a communiqué au Procès, mais qu'il n'a osé publier ; toutes les Lettres qu'il recevoit de la Dame Abbesse d'Ollioules & de la Dame de Lescot, où tous ces prodiges étoient detaillez, seroient encore des fourberies de la part de ces Religieuses qui ne les ont écrites que par son ordre, puisqu'il conste par le Recolement de la Dame, de Lescot, que le Pere Girard lui avoit donné ordre d'écrire tout ce qui seroit *arrivé d'extraordinaire à cette Fille, pour servir un jour à l'édification du public :* Quoi donc, on aura voulu le tromper en suivant ses ordres & en étant les Ministres de ses grands desseins ? De quel côté sera donc la fourbe ? Est-ce de celui de ces Religieuses & des Frere de la Demoiselle Cadiere, qui n'ont crû ni les uns ni les autres à ces prestiges, que parce qu'il les entretenoit dans leur credulité & les y forçoit même, ou de la part de l'Accusé, qui connoissant si bien la véritable cause de ses prodiges, vouloit pourtant en fasciner ceux qui en étoient les Témoins, & qui en venoit jusque là que de refuser l'Absolution à ses Penitentes qui osoient en douter, comme il conste par la deposition de Marianne Calas 108e. Temoin ? L'Accusé reconnoîtra-t'il une fois de quel côté pouvoit être la fourberie ?

Mais, nous dit-on *les Lettres de la Demoiselle Cadiere sont pleines de sentimens de pieté, de l'horreur du peché, & de tout ce qui peut deplaire à Dieu* à qui elle demande souvent *pardon de ses fautes.... on n'y parle le que de visions & de relations toutes propres à éloigner du crime.* Est-il rien de plus naturel que de penser que la Demoiselle Cadiere dictant ses Lettres à ses Freres n'osât, en suivant les ordres de l'Accusé, lui répondre dans les mêmes termes qu'il écrivoit, & qu'elle tâchât de purifier ses Lettres de toutes les expressions qui auroient pû les faire entrer en quelque méfiance ? En veut-on une preuve bien convaincante ? l'Accusé nous la fournit : ne voit-on pas dans la Lettre de la Demoiselle Cadiere du 28. Juin ? *Je vous attends, mon cher Pere, le plûtôt qu'il vous sera possible pour vous faire part de bien de choses que le tèms ne me permet pas de vous dire ici*; ainsi voyons-nous encore dans la Lettre du 22. du même mois, qu'elle ne vouloit pas découvrir la cause de ses maux à la Superieure, ni à la Mere Maîtresse, encore moins à ses Freres : *Il ne doit être reservé qu'à vous*, lui dit-elle, *d'en avoir le connoissance.* Celle du 11. du même mois, où elle cache quelque mistere sous les lettres capitales G. D. T. à la fin de laquelle il dit, *je me reserve de vous déveloper de vive voix bien de petits secrets que je n'ôse vous exposer par Ecrit* : Enfin celle du 21. Juillet, à la fin de laquelle il dit, *j'ay reçû la visite de vôtre chere Fille, elle vous dira de vive voix ce que je ne puis vous marquer par écrit.* On peut voir par une infinité d'autres endroits de ces Lettres que cette Fille ne parloit qu'à demi mot, qu'elle n'osoit se découvrir, parce qu'elle étoit obligée de faire écrire ses Lettres à ses Freres ausquels il n'étoit pas donné d'entrer dans ce mistere impénetrable, dont le secret n'étoit reservé qu'au Pere Girard. Bien plus, il nous le marque lui-même dans sa Lettre du 29. Juin, *il m'est venu depuis hier*, lui dit-il, *un petit mal de Gorge qui me fait craindre que nous ne soyons privez l'un & l'autre, de parler sitôt de près & à cœur ouvert* : Ce trait échapé au Pere Girard nous prouve qu'il est bien naturel qu'on ne trouve rien dans les Lettres de cette Filles, qui se ressente de l'état malheureux où elle avoit été plongée, ce qui confirmoit encore mieux ses Freres dans l'aveuglement & la bonne foy : Mais nous dit-on dans la même page des Reflexions, *si le Pere Girard étoit capable de galanterie avec sa Penitente, rien ne devoit mieux le prouver que les Lettres qu'il lui écrivoit, qu'il croyoit devoir rester très-secretes .... Or ces Lettres du Pere Girard à sa Penitente, sont si Chrêtiennes, si édifiantes, si pleines de l'esprit de Dieu, qu'on n'y a point trouvé de replique.*

Nous admettons la premiere partie de ce raisonnement ; mais graces à la sage précaution de retirer ces Lettres, qui ne reconnoîtroit la fausseté de la seconde ? Et en effet, nous l'avons déja dit, comment l'Accusé pretend-il qu'on puisse penser que si ces Lettres avoient été *si chrêtiennes, si pleines de l'esprit de Dieu*, il se fût donné tant de mouvemens pour les faire rendre à sa Pénitente en seureté, qu'il lui eût tant recommendé le secret & la discretion à l'égard de ses Freres même ? Comment eut-il employé toute sorte de ruses pour tromper la vigilence de la Superieure ? Pourquoi enfin envoyer la Gravier avec ordre de ne point quitter la Cadiere qu'elle n'eut retiré toutes ses Lettres ? Est-ce là de bonne fois la conduite d'un homme qui n'a écrit rien que *de pur & d'édifiant*, ou celle d'un Directeur vicieux qui est persuadé que ces Lettres porteroient avec elles la convition de son crime ? Et en effet, nous ne pouvons nous dispenser de le redire, qu'avoit-il à craindre si ces Lettres étoient telles qu'il les produit ? La Demoiselle Cadiere l'auroit justifié pleinement en les communiquant au Procès. Comment enfin veut-il donc qu'on explique tant de soins, tant de mouvemens & tout ce qu'il a mis en usage pour retirer ces Lettres ? Qu'il nous le dise.

Mais, ajoûte-t'on, *on a beau faire semblant de ne pas reconnoître ces Lettres pour veritables; il paroît bien que l'on est interieurément convaincu du contraires par les choses même que l'on avoüe. On pretend qu'elles se ressentent encore du Quietisme: Quoi! Le Pere Girard auroit été si stupide & si insensé, que de composer des Lettres exprès pour paroître Quietiste, dans le tems même qu'il sçait qu'on l'accuse de cette Heresie, & qu'il travaille à ces Lettres pour s'en purger.* Rien de si frivole que cette Objection. Avec l'aide d'une raison commune on en sent d'abord tout le foible: En effet, si la Providence n'avoit permis que la Lettre du 22. Juillet eût été hors de la Cassette de la Demoiselle Cadiere (car ici on ne peut méconnoître le doigt de Dieu, quand on considere la simplicité avec laquelle cette Fille remit les minutes de ses propres Lettres) si Dieu même n'avoit donc voulu que cette Lettre restât en nos mains, le Pere Girard eut sans doute communiqué au Procès une suite de Lettre aussi édifiantes & aussi pures que celles de St. François de Salles, & tous les grands modéles de la chasteté & de la charité chrêtienne; mais il falloit aujourd'hui tenir une autre route; son zéle pour l'édification du Public étoit par malheur borné; il falloit donner à ces Lettres un air de conformité avec celle du 22. Juillet pour cacher sa fourberie, & persuader à ceux qui voudroient bien s'aveugler qu'elles n'avoient point été refaites; il falloit en un mot y répandre quelque ressamblance qui pût les faire quadrer avec sa veritable Lettre; & voilà naturellement pourquoi il a été forcé de laisser ces termes, *ma chere Enfant, ma petite Fille, vous êtes encore avec moi, je ne vous perdrai point de vûë, ne moubliez pas de vôtre côté*, & tant d'autres expressions qui ont quelque raport avec celles de la Lettre qui nous est restée.

Dans la cinquiéme page des réflexions sur le recueil des Lettres, on veut bien trouver absurde la demande que la Demoiselle Cadiere a fait au Pere Girard de produire toutes ces Lettres, & on prétend même par là *que nous sommes convaincus que ce Pere a produit les veritables.* Quelle ridiculité! Si on lui a fait une espece de défi de communiquer toutes les Lettres, c'est parce qu'il est naturel de penser qu'il auroit été embarrassé de refaire celles du 20. & 21. Juillet qui sont si voisines de celle où sa passion éclate si fort, & dans lesquelles aparemment elle n'étoit pas moins marqué; & faut-il être surpris après cela si l'Accusé à laissé subsister dans ses Lettres tant d'expressions qui se sentent encore un peu de sa passion, & beaucoup même du Quietisme, dans le dessein où il étoit de les faire accorder avec celles qui étoient au pouvoir de la Demoiselle Cadiere? Telle est celle que l'on trouve à la fin de la Lettre du 30. Juillet: *Marquez-moi quand & comment les biens sont revenus, &c.* Il nous l'explique par la comparaison de l'Evangile de l'Eau avec la Grace. Quelle prostitution des passages de l'Ecriture! Qui pourroit aujoud'hui se méprendre dans la juste signification de ces termes? Helas! Nous en gemissons: Ils ne sont que trop clairs.

On nous dit sur la fin de la cinquéme page des Reflexions *que c'est un Fait dementi* par l'inspection des Lettres même de la Demoiselle Cadiere, *que l'Accusé avoit écrit plus de cent Lettres à cette Fille*: Mais a-t'on besoin de recourir à ces Lettres pour prouver ce que l'on a avancé? N'est-il pas plus naturel de le prouver par celles du Pere Girard? Ne dit-il pas dans sa Lettre du 22. Juillet, *Voici ma troisiéme Lettre en trois jours, il est difficile que vous m'atteigniez à moins que vous n'en écriviez deux par jour?* & ne voit-t'on pas encore dans plusieurs de ces Lettres, comme dans celle du 30. Juillet, *Apres vous avoir écrit un mot ce matin ma chere Fille,* ce qui ſupoſe bien clairement qu'il en écrivoit ſouvent deux par jour ? tout au moins, ſommes-nous en droit de préſumer qu'il écrivoit journellement, & par conſequent on ne ſera pas éloigné du compte, & on peut croire, ſans donner dans l'hyperbole, que depuis le 6. Juin juſqu'au 15. Septembre, l'Accuſé en a bien écrit un ſi grand nombre.

On nous dit avec grande ſincerité dans la 6e. page des Réflexions, *que l'Accuſé n'a encore à ſon pouvoir que deux Lettres qu'il ne peut produire ſans trahir le ſecret de la Confeſſion, & on ajoûte que la Demoiſelle Cadiere ne lui en a pas renvoyé d'avantage, comme il paroît par les deux qu'elle avouë avoir retenuës.* Mais auprès de qui peut-on ſe flater que pareilles impoſtures trouveront credit ? Faut-il ſe mettre à la gêne pour penſer que cette Fille, qui fut aſſez ſimple pour remettre ſes propres minutes, rendit toutes les Lettres de ſon Directeur, & que ce fut un coup bien marqué de la Providence, que celle du 22. Juillet ſe trouva hors de ſa Caſſette ? Avec qu'elle impudence oſe-t'on interpeller cette Fille, de montrer celle des 20. & 21. du même mois ? Mais encore un coup, pourquoi temoignoit-il tant d'empreſſement pour les retirer, s'il vouloit qu'on les pût produire pour ſa juſtification ?

L'Accuſé avoüe à la même page, *qu'il lui reſte encore deux Lettres qu'il ne peut produire ſans trahir le ſecret de la Confeſſion.* Merveilleux ſubterfuge ! En vain veut-on preſſer le Pere Girard ; en vain veut-on mettre ſon impoſture dans le plus grand jour, & le convaincre lui-même du ridicule de ſes défences ; *le ſecret des Conſciences* eſt toûjours pour lui une porte ouverte, à la faveur de laquelle il s'échape aux plus juſtes pourſuites.

Mais pour le coup, *il ne pourra nous échaper*, & nous lui montrerons à lui même le ridicule de ſon prétexte : Si dans les Lettres qu'il ſuprime il y a des matieres qui intereſſent la Confeſſion, il ſera juſtifié en les produiſant, puiſque la Demoiſelle Cadiere les avoit dictées à ſes Freres ; biens plus, il faut que le Pere Girard reconnoiſſe ici l'impoſture de tout ce qu'il a avancé dans ces réflexions, ſçavoir, *que les Freres Cadiere compoſoient ces Lettres, & à Toulon même* ; car peut-on penſer que ces Freres puſſent écrire à l'Accuſé ſur l'interieur de la conſcience de leur Sœur ſans qu'elle leur dicta ſes Lettres, à moins qu'on ne veüille leur donner à eux-mêmes des connoiſſances extraordinaires dans les penſées d'autrui ; ſans quoy le Pere Girard qui connoiſſoit ſi bien l'interieur de ſa Penitente n'y auroit pas été trompé ? d'ailleurs dans les viſites qu'il faiſoit ordinairement à cette Fille, à Ollioulles toutes les ſemaines, où elle lui expliquoit *de vive voix ce qu'elle ne pouvoit lui dire par écrit* ; il auroit fallu que ſes Freres *lui miſſent au cœur ce qu'elle devoit dire* ; pour qu'elle s'accordât avec ce qu'ils avoient écrit eux mêmes, & le Pere Girard qui connoiſſoit ſi bien, ſelon le langage de ſon hypocriſie, *ce qui venoit de Dieu, ou de la Demoiſelle Cadiere*, n'auroit pas reconnu ce qui venoit d'elles, ou de ſes Freres ? Quelle contradiction ! Quelle abſurdité !

On nous dit enſuite *qui pourroit s'aveugler juſqu'au point de croire que le Pere Girard écrivit à cette Fille des Lettres galantes, & qu'elle n'ait jamais rien répondu que d'édifiant* ? Et enſuite avec un ton emphatique, on adreſſe la parole à Meſſire Cadiere, & on lui demande *ſi ce n'eſt pas lui qui voyoit ces Lettres infâmes ? Qui étoit confident de cet abominable ſecret ? Qui proſtituoit ſa Sœur à la lubricité d'un Prêtre ?* Faut-il qu'il chauſſe ici le Cothurne pour répondre à une ſi vaine déclamations ?

S'il croyoit le Pere Girard capable de quelque remord de conſcience, c'eſt à ce Tribunnal où il l'apelleroit ſimplement ; mais le reconnoîtroit-il encore ? Non. Il faut le confondre par d'autres témoignages ; toutes les criminelles précautions qu'il avoit priſes pour empêcher que ces Lettres ne fuſſent vûës que de ſa Penitente, toutes celles qu'il a priſes pour les retirer de ſes mains, le convaincront à jamais de ſon impoſture ; bien plus, les dépoſitions de tant de Religieuſes, qu'il n'a oſé ſuſpecter, & qui atteſtent avoir vû nôtre Sœur nous dicter ſes Lettres, ne lui donneront-ils pas toûjours un démenti bien formel ?

Et après tout, s'il faut parler naturelement, ſi les Freres Cadiere, avoient voulu proſtituer leur Sœur, ſelon le langage de l'Accuſé, n'auroient ils pas répondu aux Lettres du Pere Girard par des expreſſions auſſi paſſionnées que les ſiennes ? Mais ſi les Lettres de la Demoiſelle Cadiere ne contiennent rien qui puiſſe devoiler le crime, ſi tous les états extraordinaires, qui en font la matiere, ſont conſtatés par les dépoſitions des Religieuſes d'Ollioules, que devient la fourberie qu'on impute à ſes Freres ?

Et enfin quelles auroient été leurs vûës dans le deſſein qu'on leur prête ? Le crime du Pere Girard n'étoit-il pas conſommé avant que cette Fille fût à Ollioulles ? Les avûs de l'Accuſé nous en ſeront toûjours garans, la ſimplicité de toute cette Famille, de permettre à ce Directeur dépravé de s'enfermer journellement avec la Demoiſelle Cadiere, ſera à jamais une démonſtration entiere de l'aveuglement où il les avoit jettez, & où il les entretenoit.

Nous ne répondrons point ici à l'explication que l'Accuſé a prétendu donner à ſa Lettre du 22. Juillet par la reponſe de la Demoiſelle Cadiere du 24. Nous le ferons en parlant de cette derniere, & en refutant les ridicules obſervations qu'on y a fait. On veut bien encore ſe diſpenſer de repliquer à l'apoſtrophe injurieuſe que l'Accuſé adreſſe à Meſſire Cadiere : Il le lui pardonne de bon cœur : C'eſt là l'effet de la conviction interieure qu'il a de ſes forfaits, & de la honte dont il s'eſt vû couvert par la revelation de ſes iniquitez. Concluons donc avec plus de fondement que l'Accuſé, *qu'il n'eſt rien de ſi chimerique*, *rien de plus capable de revolter*, que l'impoſture que l'on oſe avancer, que les Lettres de la Demoiſelle Cadiere ont été compoſées par ſes Freres, & que celles que le Pere Girard a produites ſont ſes veritables Lettres ; *mais que ſi cela eſt ainſi*, *ne doit-on pas être convaincu* que la fourberie du Pere Girard, à l'égard de toutes ces Lettres, eſt un nouveau degré d'évidence à la conviction qui reſulte de la Procedure de tous les crimes dont il eſt accuſé ?

Après ces reflexions generales nous allons ſuivre l'Accuſé dans les Obſervations qu'il a fait ſur ces Lettres en particulier.

Le Pere Girard trouve une contradiction entre la premiere Lettre de la Demoiſelle Cadiere dattée d'Aix, & le Memoire de ce voyage qu'il a auſſi communiqué. Quiconque voudra faire uſage de ſa raiſon, reconnoîtra ſans doute que s'il y a de contradiction, c'eſt une ſuite ordinaire du fanatiſme où cette Fille étoit entretenuë par ſon Directeur. Si le Pere Cadiere étoit l'Auteur de l'un & de l'autre, ainſi que l'Accuſé oſe l'avancer, il les auroit ſans doute purgez des contradictions que le Pere Girard y trouve. On dit au bas de cette Lettre que *le Pere Cadiere ne fut pas bon Prophete*, *la Demoiſelle Guiol n'ayant rien ajoûté dans cette Lettre.* Si le Pere Cadiere ou ſa Sœur ſe fuſſent piquez de Prophetie, elle auroit bien pû faire ajoûter deux mots à la Guiol.

L'Accuſé

L'Accusé produit au Procés la Lettre que la Demoiselle Cadiere avoit voulu envoyer au Pere Alexis avant son départ pour Ollioules. Nous en tirons deux reflexions également solides pour montrer l'innocence de toute cette Famille : La premiere, c'est que cette Lettre étant du caractere du Pere Cadiere, on ne soupçonnera jamais qu'il ait eu en vûë de tromper aussi ce Religieux, par consequent ce n'étoit pas seulement pour le Pere Girard qu'il écrivoit ces Lettres sous son dictamen : La seconde est que la Demoiselle Cadiere ayant eu le tems de voir le Pere Alexis, elle ne lui envoya point cette Lettre, qui resta parmi ses Papiers, & qui fut ensuite envoyée au Pere Girard par le canal de la Gravier ; ce qui prouve incontestablement que la Demoiselle Cadiere les envoya tous sans reserve.

La premiere Lettre qu'on a publié de la Demoiselle Cadiere étoit sans datte : Il a plû au Pere Girard de la datter du 6. Juin ; c'est-à-dire, du jour de l'arrivée de cette Fille à Ollioules, pour donner à connoître au Public les empressemens qu'elle avoit pour lui ; cependant la Lettre de l'Accusé du 7. Juin semble nous anoncer qu'il n'avoit point reçû celle de la Demoiselle Cadiere, qui doit être posterieure, puisqu'il lui dit, *on ma raconté une partie de ce que vous souffrites en chemin, & comme je m'y attendois, je n'en fus point surpris.* Ce n'étoit donc pas la Demoiselle Cadiere qui le lui avoit apris par sa Lettre qu'on veut nous donner comme anterieure ; d'ailleurs que veut dire l'Accusé par ces mots, *comme je m'y attendois je n'en fus pas surpris ?* Il avoit donc prévû la violence des accidens d'obsession dont cette Fille fut attaquée en chemin, & dont ses Parens furent temoins ; tant il est vrai qu'il n'arrivoit rien à la Demoiselle Cadiere dont le Pere Girard ne fût instruit d'avance : Du reste, il nous suffit d'observer que la datte de cette Lettre, ainsi que de bien d'autres, sont de la main du Pere Girard ; qu'il l'a avoüé lui-même dans sa confrontation avec Messire Cadiere, *le tout simplement*, dit-il, *pour fixer les dattes & mettre un arrangement dans cès Lettres.* Il n'est que trop évident qu'il ne l'a fait au contraire que pour faire quadrer ses Lettres avec celles qu'il a refaites, & qu'il nous donne pour ses reponses.

L'Accusé a mis deux nottes sur la Lettre de la Demoiselle Cadiere du 11. Juin : La premiere sur ces mots, *il nè me reste que vous seul en cette vie, mon cher Pere, qui puissiez m'aporter quelque consolation interieure. Si ces expressions sont innocentes*, nous dit-on, *dans le sens des Freres de la Demoiselle Cadiere qui ont composé ces Lettres, pourquoi des termes moins forts dont se sert le Pere Girard dans sa Lettre du 22. Juillet, seront-ils reprehensibles ?* Le parallele d'une Fille seduites par des voyes si extraordinaires que l'a été la Demoiselle Cadiere, & d'un Seducteur tel que le Pere Girard, doit-il laisser un homme raisonnable un moment en doute, pour sçavoir dans les expressions duquel on doit chercher le mauvais sens ? Et ne peut-on pas dire ici avec St. Augustin, *mirabile dictu duo fuerunt, & adulterium unus commisit ?* D'ailleurs l'imposture de cette notte se trouve démentie par la lecture même de cette Lettre, où l'on voit que cette Fille parle énigmatiquement & de façon à n'être entenduë que du Pere Girard, dans l'endroit où elle mit ces Lettres Capitales D. G. T. C'étoient là des misteres dont la connoissance étoit reservée à l'Accusé : Il a voulu rectifier ici la notte manuscrite qu'il avoit sur cet endroit. On y dit à present *que ceci justifie ce qu'a toujours dit le Pere Girard sur le changement miraculeux que la Cadiere disoit arriver à ses Playes, à present qu'elles étoient naturelles, & causées par une humeur froide, on voit bien que ces differentes situations de ces Playes étoient necessaires.*

Quelque connoissance des maladies du Corps Humain qu'ait pû acquerir le Pere Girard par l'étude qu'il faisoit de celles de sa Pénitente, il nous permettra de lui dire que des Playes telles qu'il nous décrit celles de cette Fille, n'ont jamais pû être causées par des humeurs froides ; & les changements subits qui y arrivoient, ne peuvent jamais avoir eu une cause naturelle. Comment en effet, une Playe telle que le Pere Girard nous dépeint celle du côté, a pû disparoître dans le moment, jusques à ne laisser qu'une legere cicatrice, & à reparoître ensuite quelques-jours après dans le même état ? C'est à lui à nous l'expliquer.

Il observe sur la Lettre du 15. Juin, qu'on voit par le contenu, *qu'il n'étoit ni Galant ni Quietiste.* On l'auroit vû un peu plus clairement s'il avoit laissé cette Lettre dans les mains de la Demoiselle Cadiere ; & faut-il penetrer l'interieur des consciences pour penetrer quelles ont été ses vûës en la retirant pour la reproduire ensuite. Cette Lettre n'est pourtant pas purgée de Quietisme. L'Accusé n'a peut-être pas osé perdre son veritable point de vûë ? Quoiqu'il en soit, on y rémarque *l'abandon general.* Et depuis quand donc Dieu exige-t'il des ames élevées qu'elles soient pendant les Offices dans une autre situation que celle que l'Eglise prescrit ; Quel goût pour la Mistisité & l'Illumination ? La lenteur qu'on impute au Pere Cadiere dans la seconde Notte sur cette Lettre pour la composition du reste du Carême, est en verité bien extraordinaire ; car puisque selon même les idées de l'Accusé, il avoit composé si promptement le commencement de ce Memoire, qui fut remis au Pere Girard avant le depart de la Demoiselle Cadiere pour Ollioûles, qui est-ce qui l'auroit empêché de le continuer.

On met au bas de la Lettre de la Demoiselle Cadiere du 22. Iuin quelques Nottes dont nous allons montrer tout le ridicule ; la premiere dit que cette Fille *voulant sortir du Couvent, inventoit ces impostures abominables pour le decrier dans l'esprit de son Directeur. Comment ses Freres ont-ils osé parler de la sorte.* Et commeñt le Pere Girard lui-même osoit-il leur persuader que leur Sœur avoit la connoissance de l'interieur des consciences, s'il devoit un jour trouver extraordinaire qu'il écrivissent ce qu'elle leur en dictoit comme lui en ayant été revelé. L'impudence, si on ose le dire, de la seconde Notte seroit moins insuportable, si une foule de Temoins n'avoient vû les Stigmates de la Demoiselle Cadiere, & si l'Accusé lui-même ne les avoit examinées, comme il conste de ses reponses. Le ridicule de la troisiéme merite d'être mis dans tout son jour. *On voit encore ici pourquoi le Pere Girard a crû pouvoir jetter un coup d'œil sans temoins sur les Playes de cette Fille, il vouloit se bien convaincre qu'elles n'étoient pas naturelles ; mais comment ses Freres, qui ne pouvoient ignorer qu'elles le fussent, ont-il pu croire pareilles impostures ?* Cette Notte nous fournit une foule de reflexions : nous sommes obligez d'en étoufer une partie, le premier objet qu'elle nous presente, c'est que *le Pere Girard s'enfermoit sans temoins pour voir les Playes de la Demoiselle Cadiere.* On veut bien l'en croire pour un moment. C'étoit donc pour voir le Stigmate du côté, dont il connoissoit si bien la situation & dont il nous a decrit toutes les dimentions dans ses reponses, qu'il étoit simple le bon Pere de ne pas reconnoître le danger où il s'exposoit, ou plûtôt qu'il presumoit de ses forces ? Temeraires, peut-être pensoit-il comme ceux qui disoient, *quod non debeat reputari homo vel mulier virtuosus vel virtuosa, nisi se posset ponere nudus cum muda in uno lecto & tament non perficeret actum carnalem.* Peut-être disoit-il encore : *Nonus est benè magnum meritum quod sic stemus, osculando, amplexando, & tagendo, & tamen non conscientiamus in perpetuatione carnalis peccatis.* Il faut l'avoüer si le peril est grand, la gloire en est bien plus grande; le bon Saint Jerôme, nov'ce sur cet art, & comptant peu sur ses forces, nous disoit bien inutilement : *Fateor imbecillitatem meam nolo spe pugnare victoriæ ne perdam aliquando victoriam .... ipse mulieris contractus quasi contagiosus & venenatus est, viro fugiendus non minus quam abidissimi canis morsus.* Quelle timidité ! Saint Gregoire le grand dans le 4. Livre des Dialogues Chap. 11. nous raporte un trait d'un bon vieux Prêtre nommé Urcissin, dont la simplicité est singuliere; le bon Vieillard depuis son Ordination avoit vécu separé de sa Femme, un jour qu'il étoit malade à l'extremité elle aprocha de lui pour sçavoir s'il respiroit encore; alors le timide Vieillard rapellant le reste mourant de ses forces s'écria, *discede mulier adhuc igniculus es amore paleam.* Quelle fausse alarme ! Venez vous rassurer ici vous tous qui ne croyez trouver vôtre salut que dans la fuite.

Le second Chef de la Notte dit, *que le Pere Girard vouloit se bien convaincre que les Playes n'étoient pas naturelles.* Le Pere Girard voudroit-il, une fois pour toutes s'accorder avec lui-même, & nous dispenser de lui faire sentir les contradictions qu'il repand dans toutes ses defenses ? He quoi ! Il vouloit se convaincre que ces Playes n'étoient point naturelles : & n'avoit-il pas dit avant que nôtre Sœur fût à Ollioules, *que ses maux étoient Divins, & Surnaturels ?* N'avoit-il pas reüssi lui-même à nous le persuader ? Toutes ses Devotes ne le disoient-elle pas, non seulement pour les Playes de nôtre Sœur, mais même pour la Laugier & pour celles des autres stigmatisées ? N'est-ce donc pas le comble de l'impudence, que l'Accusé ose dire sur la fin de sa notte, comment les Freres de cette Fille, *qui ne pouvoient ignorer qu'elles fussent naturelles, ont-ils pû écrire pareilles impostures ?* Et comment ses Freres, victimes de sa fourberies, auroient-ils pû les croire naturelles, puisqu'il les lui donnoit lui-même *pour divines qu'il tiroit sa Calote pour les baiser,* & qu'il refusoit même l'absolution à ses Penitentes qui ne vouloient pas les croire telles ? L'imposture a-t'elle jamais été poussée plus loin, & le discernement public fut-il jamais moins ménagé qu'il l'est ici de la part de ce Jesuite ?

On nous dit sur la Lettre du 28 Juin de la Demoiselle Cadiere, *qu'elle ne renferme qu'un long & ennuyeux tissu d'impostures, sur ce que les Demons lui on fait souffrir;* nouvelles contradictions de la part de l'Accusé : Il faut qu'il se démente à tous les pas; comment ose-t'il traiter d'imposture ces souffrances, puisqu'il avoüe lui-même dans ses réponses que la Demoiselle Cadiere étoit obsedée, qu'elle souffroit dans ses accidens d'obsession tout ce que les Martirs ont souffert autrefois ? Bien-plus, la realité de l'accident qui est raconté dans cette Lettre n'est-elle pas attestée par presque la Communauté entiere des Dames Clairistes d'Ollioules qui en furent Témoins, & sur tout par la Dame de Lescot ? La Demoiselle Cadiere dit sur la fin de cette Lettre qu'elle avoit *la Chemise collée sur son corps par le sang que y étoit attaché ? Je vous la garde, mon cher Pere, avec soin pour la premiere fois que vous viendrez me voir.* La notte sur cet endroit dit, *que le Pere Girard n'a jamais voulu la voir cette Chemise.* Il avoüera pourtant d'avoir emporté plusieurs serviettes teintes du sang de la Demoiselle Cadiere, & qu'il avoit même recommandé aux Religieuses d'Ollioules de les lui garder comme de precieuses Reliques; du moins en est-il convaincu par la déposition d'une foule de Temoins, & sur tout par la Dame Reimbaud 22e. Temoin qui dépose *qu'apres les extases ayant lavé le visage de la Cadiere avec un linge trempé dans l'eau, & l'ayant raporté au Pere Girard, il leur dit qu'il falloit conserver ce sang & qu'il fairoit des Miracles dans son tems.*

On a changé le reste de cette notte par laquelle on attribuoit le sang dont cette Fille avoit le visage couvert, à certaine maladie peu honnête dont la seule infâme curiosité de l'Accusé auroit pû reconnoître le siege; nous voulons bien lui épargner une juste réponse; du reste, le sisteme du Pere Girard est ici un peu demonté : le sang dont la Demoiselle Cadiere se trouva couverte dans cet accident, ne peut pas être regardé comme periodique, puisque ce fut le 25. du mois de Juin; qui étoit l'année passée jour du Dimanche marqué par la Lettre; & la peinture rouge n'est pas moins ridicule ici, puisque cet accident surprit cette Fille dans la Salle du Noviciat, & que toutes les Religieuses furent Témoins du commencement & de la fin, comme le déposent la Dame de Lescot 20e. Temoin, la Dame de Reimbaud 22e. Temoin, les Dames Marie & Claire Guerin 26. & 27e. & presque toute la Communauté.

On dit ici sur les Letres du Pere Girard du 29. Juin, *qu'elle ne contient que des conseils tel qu'ils conviennent aux personnes d'une vertu peu commune*; Nous l'en croirions s'il avoit laissé sa véritable Lettre dans les mains de la Demoiselle Cadiere, mais à present il devroit le reconnoître, c'est un peu après coup. Nous pouvons même dire ici que quelque affectation que l'on reconnoisse dans ces Lettres où il a encore conservé ce petit air badin qui regne dans celle du 22. Juillet, la difformité du stile en sera toûjours bien sensible à quiconque voudra se donner la peine de les examiner & de les comparer sans prévention; nous pouvons dire la même chose de celle du Pere Girard du 4. Juillet & nous pouvons ajoûter que la simple lecture du commancement de cette Lettre détruit bien évidement l'imposture de la notte qu'on a mis au bas de celle de la Demoiselle Cadiere du trois du même mois. On peut remarquer que cette Lettre se ressent même encore beaucoup du Quietisme; tout Lecteur judicieux ne s'y trompera pas; on y trouve des sentimens condamnez par la Bulle d'Innocent XI. Il paroît bien que si cette Fille entretenoit ce Pere de tout ce qui lui arrivoit d'extraordinaire c'étoit par son ordre : *ne pensez au reste à ce qui se passe en vous & au tour de vous, soit par raport aux maux, soit par raport aux biens qui vous sont envoyez, qu'autant qu'il en est besoin pour m'en rendre compte*; que signifie encore cette expression, *vous souffrez ma pauvre enfant, & vous joüissez, c'est là avoir un avantage sur les bien-heureux?* L'Accusé devoit nous l'expliquer; le sens literal & naturel presente d'abord l'impieté même.

L'observation qu'on fait sur la Lettres de la Demoiselle Cadiere du 9. Juillet, ne nous regarde pas tant que les Temoins qui parlent de la Communion Miraculeuse, & de l'avû que leur en fit le Pere Girard. Celles qu'il a fait sur la sienne du 14. du même mois sont assez ridicules : Il semble que la Demoiselle Cadiere fut dans ce Monastere Professe du quatriéme Vœu, & que le Pere Girard pour l'en dispenser eut besoin de Miracle. Si elle avoit voulu sortir du Couvent, elle n'avoit qu'à seconder l'inclination de ses Parens qui l'y voyoient à regret : La notte suivante sur la même Lettre dit, *il ne suffisoit pas à la Cadiere d'avoir deux Côtes élevées, comme elle le pretendoit, par la violence de l'amour Divin, il falloit que les Côtes rompissent.* Il ne suffisoit pas au Pere Girard d'apprendre de sa Pénitente même l'élevation de ces deux Côtes, il falloit palper & voir; sa curiosité est admirable. Il n'arrive rien sur la Personne de sa Pénitente, qu'il ne veüille toucher au doitg, c'étoit sans doute pour éclaircir ce doute, & pouvoit-il douter après qu'il a si bien avoüé dans ses réponses, qu'il recon-

reconnoissoit les états de cette Fille ? Mais est-ce d'un Directeur Chrêtien dont nous parlons, ou de ces voluptueux, dont parle Seneque, qui vouloient tout voir en se plongeant dans leurs infâmes plaisirs ? Les premieres deux Nottes que l'on a fait sur la Lettre du Pere Girard du 16. Juillet, ont deja été détruites par ce que nous avons dit : la derniere est étrangere à la Cause.

On nous dit sur la Lettre de la Demoiselle Cadiere du 21. du même mois, qu'elle est absolument necessaire, *pour entendre la reponse qu'y fit le Pere Girard dans la fameuse Lettre du 22. Juillet.* Les Nottes de l'Accusé nous indiqueront, sans doute, par quel endroit de cette Lettre l'on peut entendre la fameuse du 22. Nous trouvons d'abord dans celle de la Demoiselle Cadiere quelque chose de contraire du sistéme de l'Accusé, *Je me trouvai sur les cinq heures du matin* (ce doit être le 18. ou le 19. du mois) *tout le Front couvert de sang* ; on voit donc par là que le sang ne revenoit pas toûjours du 9. au 11. la premiere Notte nous dit *que le Sacrifice dont il est parlé dans cette Lettre, sont les efforts qu'elle feignoit de faire pour communiquer son Carême, la veritable raison étoit que son Frere le Dominicain ne l'avoit pas encore mis par écrit.*

Nous avons déja montré le ridicule de cette réflexion ; nous ne nous y arréterons plus. La seconde qui est au sujet d'une visite que M. l'Evêque devoit faire à la Demoiselle Cadiere, ajoûte *qu'elle ne cessoit par ses Freres d'importuner M. l'Evêque d'aller la voir.* Il paroît bien que la fiction ne coûte gueres à l'Accusé ; quelque interêt que le Prélat prene pour sa défense il pourroit bien lui donner un démenti. Jusques-là, nous ne voyons point par où l'Accusé prétend expliquer sa Lettre du 22. Juillet ; examinons si celle de la Demoiselle Cadiere du même jour lui sera plus favorable. Elle contient d'abord une vision que cette Fille eu en extase, & dont on trouve quelques exemples assez conformes dans la vie de la Sœur Marie à la Coque, qu'on ne soupçonera jamais la Demoiselle Cadiere d'avoir lû, & qui est purement du ressort d'un Directeur aussi mixtique que le Pere Girard ; les Freres de la Demoiselle Cadiere s'excuseront facilement d'avoir écrits les visions, mais il ne peuvent qu'être surpris de l'impudence de l'Accusé qui leur fait un crime d'avoir crû ce dont il a voulu leur persuader la réalité par toutes ses fourberies ; s'il paroissoit resister à la sortie de cette Fille, il y avoit un interêt trop sensible, il se voyoit exposé par là à la curiosité publique, sur la cause de tant de faits extraordinaires ; s'il feignoit demander des prodiges, il sçavoit bien qui pouvoit en être l'Auteur ; ce n'étoit pas pour s'assurer de l'état de sa Pénitente, sans doute n'auroit plus été de saison ; mais c'étoit pour achever un jour de joüer la Religion & le public en satisfaisant sa vanité.

On nous donne la Lettre de la Demoiselle Cadiere du 25. Juillet pour la réponse à celle du Pere Girard du 22. *& pour sa justification complete.* On n'a pourtant osé nous marquer les endroits le plus propres à le justifier; un Lecteur sans prévention n'y découvrira qu'une Penitente qui suit aveuglement les voyes qui lui sont tracées : Après tout, comment est-ce que nôtre bonne foy pourroit être suspectée par cette Lettre, & qu'y voyons-nous aujourd'huy même que quelques équivoques sur lesquels l'illusion où nous étions du côté du Directeur & celle de la Penitente, ne nous permettoit pas d'ouvrir les yeux ? Et en falloit-il davantage pour nous faire regarder comme injurieux le moindre soupçon ? D'ailleurs il auroit fallu être initié dans ce mistere & voir les Lettres de l'Accusé ; mais il l'avoit trop bien recommandé, & nôtre bonne foy nous empêchoit de le demander. Si elle avoit été moins entiere, & si on nous avoit moins infatué que tout venoit de Dieu, nous aurions pû entrer en quelque soupçon sur cet article; *à l'égard de mon inconstance prenez vous en à celui que je sers, qui me tourne où il veut & comme il veut, vos conseils n'ont pas peu contribué à me conduire à cet état, comme vous sçavez.* Tout homme de bonne foy ne reconnoîtroit-il pas ici l'Autheur de tous ces prestiges?

Le Pere Girard dit sur la Lettre du 26. Juillet, que la Cadiere ne pouvoit plus suporter la gêne du Couvent, & quelle avoit averti son Frere l'Ecclesiastique de disposer sa Mere à la retirer dans une Maison de Campagne; il a aparemment une sources d'impostures où il puisse à long-traits; qu'il nous dise qui est-ce qui lui a revelé ce qu'il nous dit ici. Cette Fille n'avoit pas besoin de faire disposer sa Mere à sa sortie, elle avoit consenti avec trop de regret qu'elle entrât dans ce Monastere, comme il paroît par la Lettre même du Pere Girard à l'Abbesse. On nous a dit ensuite que cette Lettre est remplie de l'Esprit de Dieu, nous reconnoissons le Pere Girard très propre à en composer de pareilles quand il faudra les produire en public. La réponse de la Demoiselle Cadiere ne nous montre tout au plûs que ce qu'on découvre dans presque toutes ces Lettres, c'est-à-dire qu'elle n'osoit écrire à cœur ouvert pour éloigner de l'esprit de ses Freres jusqu'au moindre soupçon, & c'est aussi ce qui les entrenoit toûjours dans leur aveugle credulité.

Nous trouvons dans la Lettre du Pere Girard du 30. Juillet, un passage que nous voudrions bien le prier de nous expliquer. *Le Pere Grignet ira aparemment Mardi vous voir; Ne lui donnez, ne lui montrez rien du tout; parlez lui comme on vous le mettra au cœur, mais sobrement, & sur tout pas un mot de l'avenir. Prions beaucoup pour ce point, & taisons-nous absolument.* Qui est-ce qui étoit donc dans ce mistere? Que veut dire l'Accusé? C'etoit donc lui qui lui mettoit au cœur ce quelle devoit dire: Il sçavoit donc que la Demoiselle Cadiere avoit la connoissance de l'avenir. De quel côté qu'on examine ce passage, on trouvera toûjours que le Pere Girard étoit le seul ministre de la fourberie. Nous devons placer ici une reflexion qui nous paroît aussi naturelle qu'essentielle à nôtre défense. Ce grand principe du Pere Girard, *oubliez-vous & laissez faire*, n'est pas tout à-fait l'esprit d'Akempis. Le Pere Girard l'a reconnu: Aussi a-t'il affecté dans toutes ses Lettres, & sur tout dans celles qui sont posterieures à la fameuse du 22. Juillet, de lui donner quelque favorable interpretation. C'est ainsi qu'il tache de le faire dans celle du 30. du même mois: *Oubliez vous donc, ma chere Enfant, encore une fois, & abandonnez-vous aveuglement à la conduite de ce Dieu bon & puissant, dont vous avez été si contente quand vous l'avez laissé faire.* Il paroît que l'Accusé est bon Logicien; il pretend par ces expressions, dans ses Lettres posterieures à celle du 22. Juillet, nous donner l'interpretation de ce principe, il veut nous prouver l'antecedent, par le consequent, & montrer qu'il a entendu dire dans la Lettre qui nous est restée, oubliez-vous & laissez faire Dieu: Qu'il est facheux pour lui que son Commentaire soit un peu suspect, & peu naturel, & qu'il faille pour l'expliquer de la sorte forcer le sens litteral!

Nous ne trouverons rien de plus remarquable dans la reponse de la Demoiselle Cadiere du 3. Août, si ce n'est qu'elle avoit suivi à la lettre les ordres de son Directeur à l'égard du Pere Grignet.

On communique ensuite deux Lettres du Pere Girard des 3. & 4. Août: *Ce sont* nous dit-on, *des exhortations vives & touchantes pour sa Penitente, & des exhortations très-édifiantes.* Nous l'accorderons si on veut, & nous dirons même que si l'on y trouve quelque chose qui n'y soit pas d'une grande édification, c'est que le Pere Girard n'a jamais perdu de vûë sa Lettre du 22. Juillet qu'il falloit toûjours justifier. Nous avons déja repondu à l'Objection qu'on nous fait sur la Lettre du 8. ou du 9. Août : Il est constant que la Demoiselle Cadiere se fit porter au Parloir pour voir ses Freres, où elle leur dicta cette Lettre. D'ailleurs c'est là un fait qui s'est passé entr'eux, & qui est accordé par les Parties dans leur confrontation ; aussi leur innocence leur donne la hardiesse de défier l'Accusé de pouvoir la surprendre, & il ne trouvera jamais en eux d'autre crime que celui d'avoir été les dupes de son hipocrisie.

La seconde notte du Pere Girard du 15. Août dit *qu'il ne demandoit le Memoire du Carême avec tant d'empressement, que pour mieux s'assurer si c'étoit l'esprit de Dieu qui animoit sa Penitente.* Il semble que le Pere Girard veüille se donner pour Pyrrhonien, ou au moins il se contredit évidemment : Il y avoit près de deux ans qu'il confessoit la Demoiselle Cadiere, & il doutoit si c'étoit l'esprit de Dieu qui l'animât. Ce n'est rien ; il s'étoit enfermé pendant six moix avec elle presque journellement pour examiner ses états, & il veut bien douter encore ; mais de quoi doutoit-il ? Ses avûs le démentent. Il sçavoit qu'elle étoit obsedée, *& tout ce qu'elle souffroit dans son obsession.* Pouvoit-il donc douter ? Ce doute a été pour lui d'un usage merveilleux : Il s'en est servi pour s'enfermer avec sa Penitente, & pretend aujourd'hui l'employer pour sa justification. Il l'auroit même poussé si loin, qu'il douteroit peut-être encore, & qu'en doutant il voudroit toûjours voir, si malheureusement pour lui on ne l'avoit tiré de doute.

Il est parlé dans la même Lettre d'un changement de Directeur : Le Pere Girard n'a pû le cacher, pour donner aux siennes quelque raport avec les reponses de Mademoiselle Cadiere. Tout Lecteur non prevenu le reconnoîtra bien aisement dans les Lettres écrites depuis la fin de Juillet, & il verra que c'est là le sujet de ses inquietudes mortelles, desquelles la charitable Guiol voulut le tirer par sa Lettre à la Demoiselle Cadiere du 30. Août.

On verra par la reponse de la Demoiselle Cadiere du 17. du même mois, que cette Fille craint toûjours de s'explique. *Les peines, & les souffrances que je ressens depuis trois jours*, lui dit-elle, *je vous les tais ici* : Elle le rassure ensuite sur le nouveau Directeur. *Quant à moi, mon cher Pere, je ne veux que ce que vous voulez, & je n'ai besoin de consulter d'autre Directeur.*

Les nottes qui sont sous la Lettre du Pere Girard du 22. Août ne regardent absolument que le Pere Cadiere. Il sçaura bien en montrer toute l'imposture. Le desespoir dans lequel paroissoit être ce Jesuite lors qu'il écrivit cette Lettre, fit quelque peine à la Demoiselle Cadiere, qui ignoroit que son Frere le Dominicain eût été forcé de remettre le Memoire du Carême à M. l'Evêque. Si les Freres de cette Fille avoient voulu tromper le Pere Girard, le Pere Jacobin auroit bien pû désavoüer d'avoir remis ce Memoire au Prelat, puisqu'il y en avoit déja plusieurs copies dans la Ville, & que l'Accusé même feignoit de croire qu'il eût été pris furtivement à sa Penitente ; mais leur bonne foi est trop simple & trop ennemie des moindres duplicitez ; la verité est toûjours nuë. Quelque affectation qu'il paroisse dans cette Lettre, on y voit encore que le Pere Girard conduisoit seul ce mistere, & qu'il n'étoit reservé qu'à lui d'y penetrer. Cette Lettre seule, lûë avec attention, le démontre évidemment, & sur tout cet article : *En cas que Monseigneur vous voye ces jours-ci, dites-lui sur son compte tout ce que le bon Dieu vous mettra au cœur; ne lui parlez de vous que fort en general ; s'il parle de vos Playes, dites-lui qu'elles sont fermée depuis que le Pere Sabatier fut chez vous; ne lui faites rien voir.*

On nous dit dans la seconde notte sur la Lettre de la Demoiselle Cadiere du 26. Août, *que le Memoire du Carême ouvrit enfin les yeux au Pere Girard.* Quelques observations suivantes nous feront connoître l'imposture de cette remarque.

Les premieres naissent naturellement de la Lettre de la Guiol, qu'on a placé immediatement après. Le Pere Girard s'y montre trop à decouvert pour l'y méconnoitre, & le veritable motif de la derniere desolation dans laquelle il étoit abimé, s'y montre du premier abord à quiconque veut le reconnître. *Ce Pere*, nous dit-on, *ne pouvoit revenir de l'étonement, de l'indignation, de la douleur que lui avoient causé tant d'impietez, tant d'impostures qu'il avoit decouvert en cette Fille.* On peut bien dire que l'Accusé insulte ici au discernement de ses Iuges: En effet, que dit la Guiol, ou l'Accusé lui-même sous le nom de cette Femme? Se prête-t'il de pareils sentimens? Point du tout. *C'est vous, ma très chere Sœur; il ne falloit de vôtre part qu'un seul mot de reponse avec grande simplicité, & l'on auroit été en paix.* Ce grand étonement pouvoit-il donc être causé par les impostures de cette Fille, puisque le Pere Girard en fut revenu par un seul mot? Quelle ridiculité! Quelle contradiction! Mais quel est donc ce mot qui devoit mettre en paix le Directeur reduit à la derniere des épreuves? *Je ne veux d'autre Directeur.* Voilà tout ce que demandoit l'Abboucheuse Guiol.

Le Pere Girard a trouvé à propos de suprimer ici toutes les Lettres qu'il écrivit à sa chere Pénitente depuis le 22. Août jusqu'au 15 Septembre. Si nous voulons l'en croire il ne répondit plus à toutes les Lettres de cette Fille, *inutilement continua-t'elle à vouloir le tromper.* Il nous communique cependant une Lettre de la Demoiselle Cadiere du 5. Septembre, qui semble le démentir assez formelement: *Je n'oserois prendre la liberté de vous écrire si vous ne me l'aviez commandé, c'est donc par obeissance que je le fais.* Ces ordres viennent-ils donc d'un homme qui fait *sourde oreille?* Ne partent-ils pas plûtôt des regrets accablans qu'il avoit de perdre une Pénitente aussi cherie, & qu'il voyoit bien ne pouvoir passer en d'autres mains sans être exposé à la découverte de toutes ses abominations; Enfin, si on veut l'en croire, *sa charité lui fit encore faire un dernier effort pour amener sa Penitente.* Il fut à Ollioules, & à son retour il lui écrivit sa Lettre du 15. Septembre, le Public l'a déja vûë & il y a reconnu ses veritables sentimens.

Nous devons dire un mot en passant au sujet des Memoires de la Sœur de Remusat & du Carême de la Demoiselle Cadiere qui sont produits au Procés & écrits de la mains de Messire Cadiere; les nottes qu'on a fait sur ces deux Memoires, justifient tacitement Messire Cadiere, & semblent n'imputer qu'à son Frere le Dominicain d'en être Autheur. Aussi nous suffit-il d'observer pour le premier, que le Pere Girard en commençant de diriger la Demoiselle Cadiere, lui avoit remis un grand nombre de Lettres de la Dame Remusat, qui contenoient le détail des états extraordinaires de cette Religieuse, qui avoit eu des extases, des stigmates & autres simptómes d'une prétenduë Sainteté: quelle que pût en être la cause, nous laissons les morts reposer en paix; il nous suffit d'observer que sur ces Lettres la Demoiselle Cadiere avoit dicté à son Frere le Dominicain ce Memoire de la Sœur de Remusat, qu'il remit ensuite à son Frere l'Ecclesiastique pour le copier.

Le

Le second est le Journal de tous les accidens extraordinaires arrivez à cette Fille pendant le Carême 1730. L'Accusé dans le loüable dessein où il étoit de vouloir peupler l'Empirée, vouloit se servir de ce Memoire comme du Procès Verbal de la Beatification de la Demoiselle Cadiere; & cela est si constant que, comme nous l'avons déja observé, il avoit donné ordre aux Religieuses d'Ollioules, & sur tout à la Dame de Lescot, d'écrire *tout ce qu'elles verroient s'operer en cette Fille & que cela serviroit un jour à l'édification du Public* Le Memoire de cette Dame communiqué au Procès le prouve sans difficulté, il suffisoit au reste, au Pere Cadiere qu'on fait Autheur de ce Carême, que presque toutes les Religieuses d'Ollioules déposent univoquement d'avoir vû la Demoiselle sa Sœur le lui dicter.

Nous devons encore remarquer que quand cette Fille tomba sous la Direction du Pere Girard, sa pieté étoit fort ordinaire, & qu'elle n'avoit presque jamais eu d'autre Livre que ses Heures journalieres : Ce Fait est attesté par ses Directeurs précedens. Envain il a plû au Défenseur du Pere Girard de dire qu'elle étoit remplie des Vies de Sainte Thérese, d'Angele de Foligny, des Saintes Catherine de Sienne, & de Génes; tout cela n'a pas plus de fondement que l'episode du vol des Pêches après lequel il n'y a plus rien à désirer pour caracteriser ces Historiettes. Un Defenseur anonime de l'Accusé nous aprend au contraire, qu'il est profondement versé dans le Mixtique, qu'il fait l'objet de ses Méditations des ouvrages de Marie d'Agreda, de tous les autres Mixtiques, & sur tout de Marie-Marguerite à la Coque : Nos Juges pourront-ils donc douter un moment de la cause des Mixticitez de la Demoiselle Cadiere ? Si les effets se ressentent de quelque attachement à la Creature, ne doit-on pas reconnoître que celui qui en étoit Autheur n'en étoit point parfaitement dégagé, & il n'est que trop prouvé par la Procedure, que c'étoient là les voyes qu'il prenoit pour satisfaire ses passions, & les routes écartées d'une rafinée galanterie; il n'auroit guére convenu à son âge & à son Caractere de suivre, dans ce pays-là, les voyes ordinaires, elles n'eussent jamais pû le conduire à son But.

Le Pere Girard dans sa confrontation avec Messire Cadiere, voulut bien requerir Messieurs les Commissaires de l'interpeller sur ce qu'il pensoit de ce Memoire, & s'il *n'en étoit point entré en quelque soupçon.* Il répondit avec candeur que, Temoin de la plûpart des états extraordinaires qui y sont contenus, il avoit crû avec simplicité que l'Accusé ne les avoit fait écrire que pour l'édification & la plus grande Gloire de Dieu.

Enfin nous ne croyons pas devoir nous arrêter d'avantage sur ce Memoire, avec d'autant plus de raison que le Pere Girard semble même avoir rendu un temoignage tacite à nôtre simplicité dans les nottes qu'il a fait sur ce Memoire, où il donne à connoître que nôtre Frere le Dominicain en est seul Autheur, il sçaura bien démontrer l'imposture.

Voilà toutes les réflexions qu'on a pû faire sur les Lettres de nôtre Sœur, pour suspecter nôtre bonne foy : La Cour verra sans doute, qu'elle ne sont fondées que sur un tissu de contradictions, avec toutes les depositions de la Procedure que l'Accusé n'a osé suspecter, & même avec ses propres avû. Il nous reste, en détruisant ici une objection qu'on pourroit nous faire encore, quelques réflexions victorieuses sur l'innocence de Messire Cadiere. On nous dira peut-être qu'il n'est point naturel de penser qu'une Fille élevée si simplement que la Demoiselle Cadiere, ait pû composer ces Lettres & ces Memoires; nous avouërons d'abord que si elle n'avoit jamais eu le malheur de tomber sous la direction du Pere Girard, elle eût vêcu dans cette simplicité si precieuse au yeux de Dieu : Mais avec un tel Maître quels progrès ne peut-on pas faire ? Le soin particulier qu'il prenoit de cette chere Penitente nous en repondra toûjours ; & ne voyons-nous pas que la Batarel, Fille d'un simple Matelot, vivant elle même du jour à la journée, & à l'instruction de laquelle l'Accusé n'a jamais paru si attaché, ni à beacoup près, qu'à celle de la Demoiselle Cadiere, puisqu'elle n'avoit que ses momens perdus & le reste de ses faveurs, ne voyons nous pas, dis-je, que cette Fille parle, dans sa longue déposition, des commencemens, des suites & des effets du Quietisme, aussi pertinemment que pourroit faire un Homme de Lettres, après avoir étudié ces matieres ? Ce qui prouve bien sensiblement que sous un aussi bon Maître les progrès les plus rapides ne doivent point surprendre. Nous ne devons pas omettre ici le soin du Pere Girard de nous communiquer ses premieres Lettres signées, il n'est point difficile de reconnoître qu'il a voulu pallier la criminelle précaution de n'avoir point signé celle du 22. Juillet : Rien n'a été oublié de son côté pour cacher aux yeux du public ce qui se passoit entre lui & sa Penitente. Vaines précautions ! La main de Dieu a voulu le manifester ; nous devons encore faire observer l'uniformité du stile dans toutes les Lettres de la Demoiselle Cadiere, ce qui doit nous donner une preuve complette qu'elles partent de sa main ; l'Accusé ne pourra poutant disconvenir qu'il n'y ait des Minutes écrites de la main de Messire Cadiere & de celle de son Frere le Dominicain, & il doit lui-même reconnoître, dans cette uniformité, son ouvrage, c'est à dire la fascination d'une charnelle mixticité, où il avoit plongé sa Penitente.

Toutes ces raisons aussi justes que solides, seroient pourtant surabondantes ici, si nous n'avions eu d'autre vûë que celle de montrer l'injustice de nôtre Décret ; mais nous avons crû devoir au fond faire éclater nôtre innocence, satisfaire pleinement l'équité de nos Juges, & ne laisser la moindre prises à nos Adversaires & à l'interêt trop sensible qu'ils ont de nous donner pour coupable, quoiqu'il puisse en coûter à la raison ; car en effet si nous n'avions eu qu'à montrer l'injustice du Decret dont nous avons été chargez, à l'égard de ces Lettres & de ces Mémoires, ne nous auroit-il pas suffit de dire que l'Accusé ne les a communiquées au Procèes que lors de ses réponses, & après le Decret rendu ? Que tout ce qui en étoit dans la Procedure ne tendoit qu'à nôtre justification, c'est-à-dire, les dépositions des Religieuses d'Ollioules qui témoignent toutes d'avoir vû nôtre Sœur nous les dicter. Bien-plus, peut-on sans vouloir ignorer les premieres regles, n'être pas forcé d'avoüer que ces Lettres n'ont pû faire charges contre Messire Cadiere avant qu'elles lui eussent été representées & qu'il les eût reconnuës ? L'Ordonnance y est trop précise pour oser en douter. Or elles n'ont été produites que posterieurement à son Decret, & elles ne lui ont été presentées que trois mois après ; il seroit donc absurde & ridicule même de penser qu'elles ayent pû y donner lieu.

Que le prétendu Complot repugne à la raison & au sens commun, & qu'il ne peut avoir donné lieu au Decret de Messire Cadiere.

Ce n'est pas d'aujourd'huy qu'on a vû des Criminels fonder leur justification sur ce qu'il y a de plus absurde ; qui ne le sçait, un Homme qui se perd se prend où il peut ; tout moyen lui paroît bon, son imagination sçait donner de l'existence à ce qu'il y a de plus chimerique ; en un mot, il fait *ex omni ligno mercurium*. Faut-il donc être surpris si le Pere Girard, convaincu, par ses avûs mêmes, de tous les forfaits dont on l'accuse, a employé à sa défense une idée aussi extravagante que celle de ce Complot, de laquelle nous pouvons bien dire ce que disoit un Ancien en refutant des objections encore moins frivoles. *Sunt quædam indigna revinci ne Majestate responsionis eleventur.*

Cependant on a osé avancer que l'accusation intentée contre le Pere Girard étoit l'effet d'un Complot dans lequel Messire Cadiere est entré; il ose le dire, il ne s'en défendra point si on peut en montrer la possibilité, & si elle ne choque les lumieres du sent commun; il n'y a donc qu'à l'examiner selon les regles de la raison: Il faut pourtant l'avoüer, on se trouve d'abord embarassé. Ce Complot est une espece de Prothée, on ne sçait par quel lien on peut le saisir; c'est un phantôme qui disparoît à mesure qu'on l'aproche, on doute de quelles armes on doit se servir pour le combatre; en un mot, c'est un Monstre dans la raison que l'aveuglement a enfanté, qui se nourrit de contradictions, & qui évanoüie aux premieres aproches du raisonnement: Nous sommes pourtant necessitez à le détruire, & pour le faire avec succès, nous disons d'abord qu'il ne peut exister que dans l'imagination de nos Adversaires, nous le démontrons.

Pour croire que ce Complot a été possible, il faut supposer que la Demoiselle Cadiere a pû tromper le Pere Girard qui s'enfermoit journellement dans sa Chambre, pour reconnoître la réalité de ses états, le Pere Grignet, le Pere de Sabatier, tous ses Parens, les Religieuses d'Ollioules, en un mot tous les Temoins; qu'elle a pû feindre des convulsions que quatre hommes des plus robustes n'étoiens pas en état d'arrêter, une tension de tous ses Membres, le gonflement de son col jusques à la hauteur du menton, ces transfigurations si extraordinaires & si bien reconnuës par une foule de Temoins, ces accidents d'obsession si bien constatez, ces stigmates que tant de personnes, & le Pere Girard lui-même avoir si scrupuleusement examinez, dont il avoit sondé la profondeur; & mesuré toutes les dimentions. Il faut supposer qu'elle a pû persuader à l'Accusé, au Pere Grignet, à toutes les Religieuses d'Ollioules, & aux autres Devotes stigmatisées, qu'elle penetroit l'interieur de leurs consciences dont elle leur découvroit jusques au dernier repli, & que ce n'étoit là qu'illusion.

Ce n'est pas tout; il faut faire entrer dans ce Complot toutes les Penitentes de l'Accusé qui étoient dans les mêmes états; persuader à un homme raisonnable qu'elles ont bien voulu feindre d'être obsedées, d'avoir des stigmates, des convulsions & tant d'autres faits prodigieux; que la Laugier, si dévoüée au Pere Girard, a pû tomber encore depuis quelques jours dans des nouveaux accidens qui viennent de donner un scandale public, le tout pour assortir le dessein de la Demoiselle Cadiere de perdre son honneur en accusant le Pere Girard.

Poussons le détail plus loin. Il faut presumer que cette Fille ait pû en imposer à M. l'Evêque de Toulon (cela étoit reservé à d'autres.) Il faut enfin renverser absolument l'ordre naturel, croire un Jesuite, homme d'esprit, auquel de grands talents on fait un nom dans un Province, consommé dans les sciences les plus relevées, possedant au dernier point l'art de la persuasion, la dupe d'une Fille de 18. ans, dont la simplicité est reconnuë par l'Accusé lui-meme & par l'évidence des faits, qui demontrent encore celle de sa Famille. Pour tout dire d'un seul mot, il faut faire entrer tous les Temoins dans ce Complot. Tombera-t'il donc dans l'idée d'un homme raisonnable qu'on puisse forger une Accusation contre un Jesuite, dont l'évenement dépend de la subornation de plus de 80. Temoins?

Mais voici quelque chose de plus fort. Si le Pere Girard lui-même n'a été de la partie, le sistéme qu'il nous impute croulera toûjours: Premiere contradiction qui n'est pas la moins monstrueuse. Il doit être entré dans ce Complot, ou il doit avoüer qu'il ne nous a jamais été possible de le faire exister par nous-même tel qu'il conste par ses propres avûs.

Car enfin, comment avons nous pû lui faire dire qu'il avoit vû, examiné, mesuré, sondé les stigmates de la Demoiselle Cadiere; qu'il l'avoit vûë obsedée depuis un tel tems jusques à un tel autre; qu'il avoit vû que ses peines pendant ces accidens d'obsession étoient telles, que *celles que souffroient autre-fois les Martirs*; qu'il l'a vûë élevée en l'air; qu'elle connoissoit l'interieur des consciences, & tous les autres prodiges qu'il nous décrit si bien dans ses reponses? C'est ici où il doit lui-même avoir recours à quelqu'un de ces *Breuvages indicatifs* qu'il doit nous reprocher de lui avoir donné, pour lui faire raconter d'une maniere si naturelle & si suivie tous les états extraordinaires de cette Fille, sans quoi le pretendu Complot ne sera plus qu'une chimere & un être de raison.

Telle est l'impossibilité phisique & morale que nous trouvons dans cette idée de Complot; mais voici où nous prions l'Accusé de s'accorder avec lui-même, & où nous reconnoissons que le sisteme de sa justification est fondé sur une fiction continuelle, si peu raisonable même, qu'il ne se soûtient que par un tissu de contradictions. Il n'a donc qu'à opter: Veut-il nous donner pour gens d'esprit ceux qu'il croit Auteurs de cette Accusation, ou nous permettra-t'il de les reconnoître d'une simplicité qui les a rendus la dupe de sa fourberie? Dans l'une & l'autre hypotese, ce Complot ne pourra subsister: S'il nous le donne pour gens d'un esprit fin & rusé, pouvons-nous les reconnoître tels dans une Accusation dont le merveilleux revolte tant l'incredulité du siécle? Une Exposition nûë auroit eu bien plus de credit, & auroit sans doute deconcerté le plan des defenses de l'Accusé: Il n'auroit pû dire que *la Cause*, c'est-à-dire *le Sortilege*, *étant chimerique*, *les effets*, c'est-à-dire *l'Inceste Spirituel*, *doivent l'être aussi*. Veut-il enfin avoüer qu'on ne peut méconnoître leur simplicité? Qu'il avouë donc qu'ils ont été les victimes infortunée de son hipocrisie & de sa duplicité.

Mais poursuivons d'entrer dans les vûës de l'Accusé, & nous allons toûjours mieux decouvrir les contradictions manifestes qui s'y rencontrent. Il fixe donc l'époque du dessein de ce Complot à l'interdiction du Pere Cadiere & du Pere Prieur des Carmes, & il donne pour motif d'une calomnie si noire le chagrin qu'ils eurent de leur interdiction; or dans cette suposition même il faut que le Pere Nicolas, qu'on regarde comme le premier mobile de cette inventions diabolique, ait pû lui donner quelque réalité, avant même qu'il vint à Toulon, qu'il ait pû persuader dans son absence à la Demoiselle Cadiere, de feindre la Possedée, qu'il ait jetté dans les mêmes états, la Gravier, la Laugier, la Guiol & les autres, avec lesquelles on ne le soupçonera jamais d'avoir été d'accord, & qui l'ont si indignement traité dans leurs fausses dépositions; c'est ici où le Pere Girard & ses Défenseurs doivent reconnoître *l'extravagance* de leur sistéme, & non-pas dans une accusation en sortilege, que ce que nous avons de plus sacré & de plus respectable en fait d'authorité, a si bien reconnnu pour réel.

N'est-ce donc pas là l'idée la plus absurde, & la chose du monde la plus impossible à executer, qui fut jamais. Après cela ne sommes-nous pas en droit

droit de dire qu'un Complot aussi chimerique, & auquel on ne voit aucune lueur de possibilité ne peut pas être presumé.

Ici raisonnons par principe, s'il est possible de le faire avec des gens qui n'en reconnoissent aucun, & disons qu'il est de maxime qu'on doit toûjours pencher dans le doute du côté où l'on trouve l'execution moins absurde selon l'Axiome, *in dubio sumenda est interpretatio in meliorem partem*, & selon Menoch Liv. 5. *præsompt.* 1. & tous les Autheurs qu'il cite, *in dubio presumitur delictum ex quâ parte tutius est*, quand-même il y auroit donc de la possibilité dans ce Complot, pourroit-on être un moment en perplexité pour se déterminer à croire, ou un Jesuite convaincu par ses propres avûs de tant de crimes dont il est accusé, de le croire dis-je coupable, ou de présumer trois Prêtres, contre lesquels on n'a rien à reprocher, les Calomniateurs les plus atroces ? On nous a oposé la pureté du Pere Girard qui doit faire rejetter toute presomption, & on nous dira peut-être que la conduite qu'une personne a tenu pendant sa jeunesse, ou le cours de sa vie, forme en sa faveur une presomption, par raport à un âge plus avancé, & aux faits qu'on lui impute, & on croiroit pouvoir se fonder sur le Chapitre, *cum in juventute extrà* : nous répondons à cela par plusieurs raisons également solides ; la premiere est toute naturelle : on se mocque en effet tous les jours de ceux qui ont été trompez par le masque d'un Hypocrite, & l'on donne encore dans le même piege, & n'est-ce pas pour cela (le trait ne doit point paroître étranger) qu'est faite la Fable de ce Prêtre Sacrilege, qui alluma sa torche à l'Autel de Jupiter, & vola le Temple de ce Dieu à la faveur de la même lumiere ? Ne nous fait-on pas entendre par là qu'il n'est que trop ordinaire (nous rougissons de le penser) de voir la Religion servir aux plus grands crimes, & emprunter d'elle des secours & des authoritez pour exercer les passions ?

Une seconde raison qui doit encore mieux faire sentir le foible de l'objection, c'est que nous sommes aussi en droit de présumer que si la vie de l'Accusé a paru reguliere jusqu'aujourd'huy, c'est qu'il a été plus heureux à masquer ses desordres, que de croire qu'elle a été véritablement pure : & en effet, si par une fausse delicatesse on n'avoit forcé la Demoiselle Cadiere, à dévoiler sa turpitude, ou que les instances de toute nôtre Famille auprès du Prelat, eussent pû étoufer cette malheureuse affaire, le Pere Girard, quoique coupable des derniers forfaits, auroit pû se vanter dans une autre province aussi hardiment qu'il fait aujourd'huy *de cette pureté de mœurs* dont il ose faire parade. Après tout, les mêmes loix Ecclesiastiques qu'on nous a objectées ci-dessus, ne nous aprennent-elles pas que nous sommes en droit de présumer l'Accusé Coupable de tous les crimes qu'on lui impute, & par ses propres avûs mêmes ? C'est le Chapitre *Litteris* du même endroit, & M. d'Hericourt dans son annalise des Decretales sur cet endroit, nous dit *qu'il y a des actions qu'on cache avec soin, & pour lesquelles on cherche la retraite ; & la solitude, & que tels sont les commerces défendus entre les Hommes & les Femmes ; qu'il suffit pour prouver ces actions qu'il y ait des présomptions certaines pour ces sortes de Commerces, telles que celles d'avoir vû des Personnes de differens Sexes se retirer ensemble dans des lieux écartez.* Et generalement tous les Docteurs, sans en excepter aucun sur cette matiere, ne sont-ils pas univoques là-dessus ?

Enfin quelques Scelerats qu'on veüille supposer ceux qu'on accuse, il faut les faire agir en hommes raisonables Il faut trouver en eux quelques motifs qui ayent pû les porter à inventer une calomnie si noire ; il faut y decouvrir le *cui bono* que tous les Criminalistes veulent qu'on ne perde point de vûë dans la recherche des crimes.

Qui pourroit donc avoir donné lieu à un Complot si odieux ? Quel but a été celui de ceux qu'on en fait Autheurs ? Du côté de la Demoiselle Cadiere, c'est une Fille qui se deshonore, qui se livre à une honte & un oprobre éternel ; peut-elle esperer la reparation de son honneur fletri ? Peut-on trouver dans sa Plainte les vûës qu'on trouve toûjours dans toutes les Expositions en Rapt ? Quel interêt pouvoit avoir Messire Cadiere d'entrer dans un Complot ou le premier pas devoit être de livrer sa Sœur à l'infamie ; Vouloit-il se broüiller avec le Corps le plus puissant qui fut jamais dans l'Eglise ? Voudra-t'on lui imputer cette extravagance d'un Romain, dont on disoit qu'il vouloit se donner du relief par des ennemis illustres ? *Ut magnis inimicitiis claresceret*. Pouvoit-il esperer de s'accrediter par là auprès de son Prélat ? Auroit-il donc pû meconnoître l'ascendant de ses Adversaires sur son esprit ? Veut-on qu'il ambitionnât des Benefices ? Auroit-il donc pû ignorer la route la plus seure pour y parvenir ? Vouloit-il se faire un nom dans le monde par la honte & l'oprobre de sa Famille entiere ? Pretendoit-il enfin soutenir l'idée de Sainteté que sa Sœur s'étoit acquise ? Le sisteme croulera toûjours par l'Accusation même, & de quelque espoir qu'il pût se flater que l'innocence de cette Fille seroit reconnuë, sa pretenduë Sainteté en seroit toûjours tombée en decri, & l'honneur de sa Famille ne pouvoit qu'y être fort interessé. Quelles sont donc les vûës qu'on peut attribuer aux Auteurs de ce Complot ? Elles revoltent toutes le sens commun.

Nous avons déja dit que pour lui donner quelque lueur de possibilité, il falloit que l'Accusé lui même y fût entré : Nous allons encore mieux le demontrer ; & pour cela il faut faire ici un parallele de la conduite du Pere Girard avec celle de Messire Cadiere : On jugera sainement de là dans lequel des deux se trouve la fourberie. Le premier reconnoissoit l'état malheureux où se trouvoit sa Penitente, & il fixe lui-même l'époque du commencement de l'obsession ; il avoüe encore tacitement de l'avoir conseillé. Ce n'est pas tout : Il en decrit dans ses reponse les suites & les effets d'une maniere à nous faire comprendre qu'il les connoissoit parfaitement. Ici il doit nous permettre, ou de lui reprocher les contradictions les plus énormes, ou de donner un nouveau jour à sa fourberie. Veut-il que les états de la Demoiselle Cadiere fussent divins & surnaturels, ou qu'ils fussent des suites de l'obsession ? Au premier cas il se trouve dementi par ses propres réponses, puisqu'il avoüe de l'avoir reconnuë obsedée, & que tout ce qu'elle souffroit n'en étoit qu'une suite ; mais si elle étoit donc obsedée, n'est-il pas forcé de reconnoître qu'il a joüé la Religion, le Public & cette infortunée Famille ? Où est donc ici le fourbe ? Est-ce Messire Cadiere, qui admiroit aveuglement ces pretendus prodiges, ou le Pere Girard qui en connoissoit si bien la veritable source ? Pourra-t'il jamais se tirer d'aussi cruelles extremitez ? Et qu'il avoüe ou que sa justification n'est fondée que sur des contradictions manifestes, ou qu'il reconnoisse sa fourberie.

Mais quel est donc celui qu'on veut faire entrer dans un Complot si inique ? C'est un jeune Ecclesiastique dont l'innocence des mœurs a été attestée par les Jesuites même, qui etoit dans leur Seminaire lorsque cette imaginaire trame s'ourdissoit, qui n'en est sorti que pour être fait Prêtre, dans le tems que cette affaire a éclaté, dont la candeur étoit si reconnuë, que M. l'Evêque de Toulon allant à la Bastide où étoit sa Sœur pour conferer avec le Prieur des Carmes sur l'état malheureux où cette Fille avoit été plongée, le faisoit retirer de l'Apartement, pour que sa pudeur ne fût allarmée du recit de tant d'ordures. Ce fait est constant, & l'innocence de Messire Cadiere y éclate trop, pour que nous ayons pû l'obmettre, C'est un Ecclesiastique qui est ordonné Prêtre sur la fin de Septembre, & qu'un mois après; c'est à-dire, dans le tems où il respiroit encore cette sincere pureté qu'on conserve toûjours au sortir des Seminaires, & que la grace de l'Ordination soûtient, on veut faire entrer dans le Complot le plus detestable qui fut jamais, dans la calomnie la plus noire que l'Enfer ait vomi: Et à qui donc veut-on persuader que de pareils desseins puissent être imputez à un Prêtre dont la simplicité est reconnue par ses ennemis même, & au coin de laquelle ses démarches journalieres sont marquées?

Mais quoi donc? Une calomnie si atroce sera-t'elle presumée sans fondement? N'avons-nous point de regle là-dessus? Est-ce inutilement que tous nos Docteurs, & sur tout Menoch Liv. 5. Presomp. 25. N°. 5. nous ont dit que la calomnie doit être regardée à l'instant du faux, puisque c'est une fausseté même, & que le faux ne peut être presumé, à moins qu'il n'y en ait de preuves bien fortes? Examinons donc ici celles qu'on trouve dans la Procedure, par lesquelles on puisse presumer que Messire Cadiere soit entré dans ce Complot; & c'est ici où nous traiterons comme en passant les Moyens d'abus qui le regardent personellement, & où nous demontrerons la prostitution la plus ouverte du Ministere public de la part du Promoteur. Pour cela nous envisageons d'abord sa conduite: Il donne Requête à l'Official le 18. Novembre 1730. pour le farie acceder chez la Demoiselle Cadiere, sur le bruit des extases, des obsessions, des stigmates & autres Diabolicitez. L'Official accompagné de son Greffier, de Temoins & d'un bruyant Cortege, accede en effet chez cette Fille, qui ne fut jamais sa Justiciable. Abus énorme de la part de l'un & de l'autre; & entreprise sur la Justice Royale la plus caracterisé qu'on ait pû former. En vain nous a-t-on dit que cet Accedit a été *fait en forme gracieuse*: la seule lecture du Verbal montre le ridicule de l'Objection: Il ne fut fait que pour interroger cette Fille sur tout ce qui s'étoit passé entre elle & le Pere Girard; & la forcer par la religion du serment à se deshonorer, & avec elle toute sa Maison: Attentat le plus reprehensible sur le repos, l'honneur & la tranquilité des Familles, & dont la tolerance ne tendroit à rien moins *qu'à introduire en France une espece d'Inquisition contre nos mœurs*, ainsi que dit M. l'Avocat General Talon dans une Cause où il s'agissoit de reprimer un abus beaucoup moins dangereux que celui-ci, & que l'Arrêt du 14. Decembre 1673. raporté dans la troisieme Patrie du Journal du Palais. reprima pourtant. La Cour dit, abusivement avoir été procedé par l'Official sur une assignation donnée à des Laïques de venir repondre pardevant lui sur la clandestinité de leur Mariage, sur le fondement que l'Eglise n'a point de Territoire, & que sa Jurisdiction ne peut s'étendre au-delà du Pretoire où elle exerce sa Justice, & que les Sujets du Roy n'y furent jamais soûmis.

Premiere demarche de l'Official, premier abus; car ici tous les pas sont marquez aux abus les plus reprehensibles. Le même jour ce Promoteur requiert à ce *qu'il soit ordonné que sur le contenu du Proces-Verbal d'Accedit, il soit informé*. On doit remarquer qu'il dit dans la Requête, *qu'il conste dans icelui de divers crimes dans lesquels le Pere Girard Jesuite est impliqué*. C'étoit donc à la conviction de ce coupable que toutes ces demarches doivent aboutir; mais il nous develope ses veritables intentions dans la même Requête sous ces termes vagues, *pour faire punir les coupables*. Raisonnablement Messire Cadiere n'eut jamais pensé devoir être enfermé dans ce genre; il n'étoit parlé de lui ni de près ni de loin dans la Plainte sur laquelle les Temoins devoient être oüis : Il n'avoit dans tout cela que suivi l'exemple de son Pasteur, en exorcisant sa Sœur; cependant où nous a apris qu'on avoit pretendu l'impliquer dans cette malheureuse affaire, & qu'il étoit compris sous le nom vague *des coupables*. N'est-ce donc pas là la premiere marque assurée de la justification que le Promoteur preparoit à l'Accusé ? Voyons comment il execute un projet si odieux. S'il avoit voulu entrer dans l'esprit de son Ministere, qui doit être celui de Vengeur public, il devoit aprendre de la bouche même des Temoins ce qu'ils avoient à deposer, & leur faire rejetter tout ce qui est étranger à la Plainte, l'Information devant être relative à la Requête de Plainte, & le Juge même ne pouvant recevoir les depositions des Temoins sur des faits sur lesquels son Ministere n'est point excité ; mais le violement entier de toutes les regles n'effraye point ce Promoteur : Il fait entendre des Temoins, & il en mandie même qui puissent preparer à l'Accusé des faits justificatifs, & faire jetter quelque soupçon sur les demarches les plus innocentes de Messire Cadiere : Pour en donner une demonstration entiere, il n'y a qu'à peser ici au poids du Sanctuaire tous les Temoins qui ont fait mention de lui.

Le premier est la nommée Vitalis 69e. Temoin. Que ne peut la défense de nôtre Cause nous dispenser de mettre au jour, ce qui est notoire dans Toulon ! La vertu de ce Temoin est si equivoque & sa conduite même si peu reguliere, que le Promoteur lui-même fut obligé, à l'absence de son Mary, qui est Homme de Mer, d'aller chez elle pour lui ordonner de garder un peu plus de regularité ; le fait est si constant que cette Temoin n'a pû en disconvenir lorsqu'elle fut confrontée avec Messire Cadiere ; mais enfin que dit-elle ? Si ce n'est ce qu'on lui a mis dans la bouche, *qu'étant au voisinage des Peres Carmes, elle a vû, depuis les accidens arrivez à la Cadiere, son Frere l'Ecclesiastique venir frequemment dans ledit Couvent* : Que cette deposition assortit merveilleusement bien les intentions de cet Officier de la Justice Ecclesiastique, qui n'étoient autre chose que de susciter de nouveaux Coupables ! N'estce pas pour cela que cette Vitalis étoit admise dans les assemblées d'iniquité qu'on tenoit dans la Maison de la nommée Anne Achard, où le Promoteur presidoit & où il choisissoit des Temoins propres à entrer dans ses vûës ? Aussi cette Achard les seconde-t'elle parfaitement bien, c'est le 70e. Temoin : elle parle un langage univoque avec la nommée Rose Tronc 71e. elles deposent l'une & l'autre, *qu'elles ont vû très-souvent les enfans de la Cadiere Mere, sçavoir, l'Ecclesiastique & le Marié, entrer dans le Couvent desdits Peres Carmes, ce qui est arrivé depuis les accidens de la Cadiere Fille* : En bonne foy, quelle vûë pretend ce Promoteur qu'on puisse lui prêter lorsqu'il produit pareils Temoins ? Peut-il se persuader que l'on ne soit convaincu par là de toute sa prévarication ? Est-ce bien là entrer dans l'esprit de son Ministere, & cet Official pouvoit-il sans un mepris marqué pour les regles, recevoir des depositions sur des faits aussi étrangers à la plainte ? Depuis quand donc les Tribunaux Ecclesiastiques ne sont plus soûmis à suivre l'Ordonnance & les Arrêts de Reglement ? Celui que la Cour rendit le 8. May 1667. en la Cause d'Anne Ollivier contre M. le Procureur General Instigué, ne porte-t'il pas expressément que tout ce qui est étranger à la plainte doit être rejetté ? Masuer dans sa Pratique pag. 457. ne nous dit-il pas en termes exprés *Testis si loquatur super alio quam super quo inductus fuit, non valet*, où il cite la Loy *si quis libertatem ff. de petit. hæred.*

&

& une infinité d'autres textes. Envain oposeroit on qu'il devoit être informé sur les *circonstances & dépendances* ; les depositions de ces Temoins pourront elles être regardées comme relatives à la plainte de la Demoiselle Cadiere ?

Que demandoit en effet le Promoteur ? D'être informé sur les crimes contenus dans les reponses de la Demoiselle Cadiere pardevant l'Official ; ce que disent ces Temoins peut il en être regardé comme *des dependances* ? Ne voit-on pas, au contraire, bien clairement le dessein du Promoteur, en les produisant ? Mais après tout, quel avantage peut-on retirer de ce que Messire Cadiere alloit quelque-fois au Couvent ou à l'Eglise des Peres Carmes, dès que les mêmes Temoins deposent que c'étoit après les accidens de la Demoiselle sa Sœur ? Cette seule circonstance doit faire rejetter toute l'idée du Complot, puisque selon les défenses mêmes des Adversaires, il avoit non-seulement deja été formé, mais même executé : Loin d'ici par consequent tout soupçon ; la moindre induction seroit frivolle & ridicule ; mais peut être ces Temoins n'ont suivi guere exactement les leçons qui leurs étoient données, & qu'au lieu de placer les assiduitez de Messire Cadiere à l'Eglise des Carmes, devant les derniers accidens de sa Sœur, ils ne les ont placées que posterieurement. Reconnoissons ici le doigt de la Providence qui veille à la défense de l'Innocent, & qui arrache la verité de la bouche même de ceux qui se sont vendus pour la trahir.

Deux autres Temoins, sçavoir, la Sœur de Baussier Cadette 21e. & la Sœur de Camelin Religieuses Clairistes, Temoins produits par le Promoteur, deposent que Messire Cadiere fut à Ollioules avec l'Huissier qui assigna la Tourriere pour venir deposer. S'il falloit suspecter le temoignage de ces deux Temoins, la Lettre de la Dame de Cogolin nous montreroit quelle foy il peut avoir en justice : Mais après tout, est-il rien de plus naturel que cette demarche, & toute l'exactitude des Ordonnances l'a-t'elle jamais suspectée ? Et elle étoit d'autant plus irreprochable & plus necessaire même, que dans les regles de la vie civile on devoit une politesse à l'Abbesse du Monastere & qu'il falloit honnêtement lui demander la permission de faire oüir la Tourriere : Qui ignore en effet, qu'en assignant un Domestique en Justice, on previent ordinairement le Maître ?

Mais faut-il quelque chose de plus fort pour se disculper auprès d'Accusateurs tels que les nôtres ? Faut-il écarter jusqu'à l'ombre du moindre soupçon ? Ecoutons Messire Portalis 36e. Temoin que l'Accusé ne suspectera pas : il dit qu'il a rencontré en chemin la Tourriere, & long-tems après Messire Cadiere ; ce n'étoit donc pas pour la suborner qu'il avoit été à Ollioules ? Et le Pere Aubany lui-même, qu'une heureuse simpathie avoit si bien fait entrer dans la défense du Pere Girard, ne depose-t'il pas le même fait ?

Voilà tous les Temoins qui ont parlé de Messire Cadiere ; c'est sur un pareil fondement qu'on a osé lui imputer d'être entré dans ce Complot ; est ce sur des preuves semblables que la Loy & les Interprêtes veulent qu'on puisse presumer la calomnie, & une calomnie aussi atroce, & sur tout de la part d'un Prêtre tel que Messire Cadiere ? Mais puisqu'un crime aussi grave ne peut se présumer, comme nous le dit Godefroy sur la Loy 51. *ff.* Tit. 4. §. 2. & que selon l'axiome, *quidquid dubium est humanitas inclinat in melius*, selon Mornac sur la même Loy ; il n'y a qu'à considerer s'il n'est pas plus naturel de croire coupable un Prêtre convaincu de tant de crimes, que de taxer de Calomniateurs trois Prêtres ausquels la malice la plus consommée n'a rien eu à reprocher personnellement : c'est ici où nous pouvons dire à nos Juges que quelques convaincantes que soient les raisons que nous avons aporté pour démontrer le ridicule de ce Complot, elles sont pourtant surabondantes, dès qu'on leur met sous leurs yeux un Coupable convaincu par ses propres avûs.

Pourroit-on jamais mettre son crime dans un plus grand jour qu'il l'a été dans les precedens mémoires, & dans les dernieres Audiences ? Pourroit on ajoûter quelque chose aux depositions les moins suspectes de la Procedure, & aux réponses mêmes de l'Accusé ? Elles nous fournissent en effet les preuves les plus complettes que la Loy & les Docteurs exigent pour conclure la consommation des crimes dont le Pere Girard est accusé : Il avouë au 33e. Interogat ; qu'il s'est fermé à Clef dans la Chambre de la Cadiere huit à neuf fois, que c'étoit tantôt lui tantôt la Cadiere qui fermoit la porte. Veut-il nous persuader par là que cette Fille la fermoit quelque fois de son propre mouvement ? Ridicule pretexte ! Et qui prouve pourtant que quand il s'enfermoit avec cette Fille, elle n'étoit pas toûjours malade, & que le mal venoit subitement dès qu'il étoit enfermé avec elle; il avoüë donc de s'être enfermé huit à neuf fois; dans les bonnes regles, il n'en falloit pas tant pour le convaincre du crime dont on l'a accusé, & envain aurions-nous recours à la Procedure pour prouver qu'il s'est enfermé plus de quatre mois presque journellement ; ses avûs doivent nous suffire; la Loy demande-t'elle en effet d'autre preuve ? Les Interprètes & les Docteurs, & sur tout Menoch Liv. 5. *præsump.* 41. *Mascardus dè probat. vol.* 1. *conclus.* 453. *Farinac de delict. carnal. quæst.* 136. *n.* 153. *&c.* ne le regardent-ils pas comme une presomption de droit & une preuve parfaite ? Et tout ce qu'on a dit au contraire est si frivole, que ce seroit y donner du poids que d'y répondre : Que faisoit donc le Pere Girard dans cette Chambre ? Il répond au 58e. Interrogat, *qu'il attendoit que l'accident lui eut passé pour lui parler de Dieu*, mais dans quel état se trouve cette Fille ? *Elle étoit dans son lit avec des mouvemens convulsifs, ses bras roidis.* Le Directeur tranquile, aparemment sur la cause du mal, n'apelloit ni parens ; ni domestiques, il suffisoit à tous les besoins de la Malade : *Confesseurs eclairez, Directeurs experimentez, dites-nous ce que vous auriez fait à la place du Pere Girard dans cette rencontre ?* Que faisoient les Directeurs de Sainte Therese dans un cas sembable ? S'enfermoient-ils pour examiner la personne de leur Penitente ? Faut-il consulter les Canons qui doivent être les regles des Confesseurs éclairez ? Ne défendent-ils pas expressément aux Prêtres qui vont visiter des personnes du Sexe malades, de ne point y aller seuls, & d'y être toûjours accompagné *cum duobus aut tribus aut tribus Testibus*, comme dit le Canon, *sed si forte distinct.* 81. on peut voir là-dessus la premiere partie du Decret *distinct.* 31. 32. 33. 34. *&* *distinct.* 81. 82. 83. 84. où l'on trouvera quelle a été de tout tems la discipline de l'Eglise là-dessus. Saint Jerôme dans son Epitre *ad Nepotianum* donne des regles aux Prêtres qu'on ne devroit jamais perdre de vûë ; *solus cum solâ secretò & absque Arbitrio vel Teste non sedeas*, & dans son Epitre *ad Occeanum ; visita sumptus obsequio Clericorum nec solus ingrederis* ; & il nous prouve qu'il n'est aucun besoin qui puisse nous dispenser de cette regle inviolable.

Mais le Pere Girard attendoit-il toûjours que l'accident fût passé, pour lui parler de Dieu ? Il répond au 84e. Interrogat, qu'il s'est enfermé *quatre ou cinq fois pour voir ses Playes* : Il nous dit dans une autre reponse qu'il voyoit la Playe du cœur plus frequemment, puisqu'il dit *qu'elle étoit ordinairement sanglante.* Arrêtons-nous un moment à considerer le Pere Girard fermé à clef dans la Chambre d'une Fille de dix-neuf ans couchée sur un lit, occupé à examiner *une Playe qu'elle a quatre doigts au-dessous du Teton gauche.* Directeurs experimentez qu'en penseriez-vous ? Car ce n'est point aux Mondains ausquels nous devons nous adresser. Qu'en eussent pensé les Saints Confreres de l'Accusé ? Le Pere Gil, *qui rendoit graces à Dieu d'avoir la vûë mauvaise, parce que cela lui avoit fourni de grands remedes de chasteté*, & qui sans doute ne se fût jamais servi de sa surdité pour excuser des baisers les plus tendres ; le Pere Costerus & tant d'autres modelles de chasteté que le Jesuite Alegambe nous propose ? Nous pourrions encore renvoyer l'Accusé au Pere Theophile Raynaud, *de sobriâ alterius sexûs frequentatione.* Mais qu'en eût pensé sur tout le Grand Saint Jerôme, que le souvenir des Beautez Romaines après dix ans de retraite dans un affreux désert, agitoit encore, & qu'il étoit obligé d'étouffer par les plus rudes macerations ? Ne se fût il pas écrié avec plus de raison, *Janua Diaboli, via iniquitatis, Scorpionis percussio ?*

Le Pere Girard est-il un homme ou un Ange ? Est-il pêtri d'un autre limon que ces modelles de la chasteté chrêtienne ? Il marche sur des charbons, *pedes suos non comburet*. Que devenoit-il dans ces preludes amoureux ? Pouvons-nous apeller autrement la situation où il avoüe d'avoir été ?

Omne vafer vitium ridenti flaccus amico,
Tangit & admissus circum præcordia ludit.

Il examinoit donc cette Playe ; il la baisoit ; il la sondoit : Comment s'y prenoit-il pour en désigner la situation & la circonference comme il a fait ? La pudeur nous arrête : Le *concipe animo* vient encore fort à propos.

Pourrions-nous nous dispenser de repondre à l'apostrophe que le Pere Girard adresse ici aux Parens infortunez de cette Fille ? *Que doit-on penser*, dit il, *d'une Mere, d'un Religieux, d'un Diacre, d'un homme marié, qui souffrent en silence ce tête-à-tête continuel ?* Il étoit reservé à l'Accusé d'insulter aux malheurs d'une Famille qui sera éternellement un objet de compassion aux yeux de tout l'univers: Il étoit reservé à son impudence de leur faire un crime de l'aveuglement où ses fourberies & son hipocrisie l'avoit plongée. N'est-ce pas lui qui felicitoit cette Famille du bonheur de posseder *un Ange vivant ?* N'est-ce pas lui qui le leur disoit par la bouche de la Guiol & de ses Confidentes ? N'est ce pas lui qui les jettoit dans l'illusion par tant de prestiges & par le merveilleux qu'il repandoit dans ces accidens, pour colorer *ce tête-à-tête continuel*, & pour éloigner tout soupçon de l'esprit de ses Parens ? N'est-ce pas là le combie de son iniquité ?

Mais ne perdons pas nôtre point de vûë, & joignons à la premiere demonstration du crime de l'Accusé, une foule de circonstances qui lui donnent une nouvelle force. *Ces tête à-tête* au Parloir des Religieuses d'Ollioules qu'il a avoüez dans son 125e. Interrogatoire ; ces baisers à la Grille du Chœur & du Confessional ; que les Peres regardent comme une preuve suffisante pour constater le crime, que la Loy nous donne comme la plus forte présomption, & les Poëtes, ou comme les premiers fruits de la passion, ou comme devant assurer des dernieres faveurs ; les empressemens de l'Accusé pour avoir la permission d'entrer dans le Couvent, qui sont trop bien marquez dans ses Lettres, & qui furent enfin satisfaits le premier Vendredi de Juillet qu'il s'enferma *avec le guichet en dedans*, comme il conste par la deposition de l'Abesse d'Ollioules, de la Maîtresse des Novices ; de la Demoiselle Hermite Pensionaire, de Matherone Tourriere, & sur tout de la Dame de Guerin : Que le Pere Girard proteste hautement après cela *qu'il n'a jamais touché à cette Porte, & que si elle fut fermée pendant quelque instant, il faut qu'elle l'ait été par dehors.* Enfin ce commerce de Lettres dont la seule qui nous est restée doit nous faire juger de toutes les autres, & qui porte avec elle le caractere le plus marqué de la passion ; n'obmetons pas les baisers de la Batarel : Le Pere Girard avoüe que cette Fille l'ayant tiré à part dans la Maison de la Demoiselle Cadiere, & ayant fermé la Porte du Salon, elle l'embrassa & le baisa, mais *qu'il se depêtra vite de ses mains.* Bon Dieu ! Quelle défaite ! Ce Directeur peu timide voit une Fille qui ne peut contenir sa passion pour lui : Que fait-il ? Il se dépêtre de ses mains pour cette fois ; mais la gronde-t'il ? La reprend-il ? La prudence, la délicatesse de son Ministere n'exigeoient-elles pas de lui, non-seulement qu'il se dépêtrât de ses mains, mais qu'il ne la confessât plus, qu'il ne la vît plus ? Directeurs timides, venez encore une fois vous rassurer ici ; le Pere Girard a continué de confesser cette Fille, & elle depose qu'il l'a baisée au Confessional. Est ce donc là la conduite d'un homme dont les intentions sont si pures ? Qui n'en reconnoîtroit plûtôt toute l'énormité ? Tant d'autres circonstances que les lumieres de nos Juges pourront réünir, ne forment-elles pas un corps de preuve auquel on ne peut se refuser, sans vouloir nier le jour en plein midi ? Faudra-t'il donc des Temoins occulaires pour convaincre un Jesuite des crimes, pour la preuve desquels la Loy & les Docteurs n'ont demandé que des presomptions & des conjectures ? Sommes-nous revenus au tems de la Secte infame des Cyniques, qui disoient *concubitum esse naturalem, & ob id agendum sine verecundia publicè*, ou veut-il qu'en croyant qu'il porte sur lui cette Herbe qu'un grand Theologien disoit plaisamment avoir été donnée à la Societé pour amortir de telle sorte la nature, *qu'ils pouvoient impunement converser avec les Femmes ; Eaque velut antidoto posse inter fœminarum versari greges.* Du moins ne leur dirons nous pas avec un malhonête homme de leurs Confreres, *que maintenant ils en ont perdu la graine, & qu'elle ne croît plus dans leur Jardin.* Nous ne pretendons jamais inculper le Corps des fautes des Particuliers : Nous sçavons qu'il y a encore dans celui là des hommes justes, fidéles imitateurs des vertus de leur Pere, qui gemissent interieurement sur le dereglement d'un tel Confrere. Pretend il donc à la faveur d'aussi frivoles supositions être au dessus des régles communes ? S'il veut s'y conformer, qu'il se convainque lui même. Ne croiroit-il point qu'on dût juger du present par le passé, & que sa conduite ayant paru reguliere jusques aujourd'huy, il crût par là detruire les depositions non suspectées de 80. Témoins qui crient contre lui ?

Il nous semble ici d'entendre ses Partisans dire que le crime a ses degrez comme la vertu, & qu'on ne parvient au comble du premier pas. Que la prevention a de suites affreuses ! Que les effets en sont funestes ! N'est-ces pas ainsi que Seneque, prevenu en faveur de la vertu de Caton, nous disoit que s'il l'avoit vû noyé dans le Vin, il auroit crû que l'ivresse étoit une vertu. Rien n'est plus ordinaire dans le monde ; un hipocrite nous trompe par les dehors specieux d'une conduite chrêtienne : On seroit prêt bientôt de loüer en lui ce qu'on detesteroit dans un libertin, & à canoniser ses vices même. Mais quel avantage peut tirer l'Accusé de sa regularité exterieure ? Nous l'avons déja dit : Il n'avoit qu'à étouffer une si malheureuse affaire, & passer dans une autre Province : Il auroit pû dire avec la même fermeté que sa vie avoit toûjours été irreprochable. Concluons cet article, & disons que ce n'est point sur des allegations aussi vaines, que des Juges éclairez se determinent : La Procedure est pour eux une boussôle qu'ils ne perdent point de vûë, & c'est là-dessus que l'Accusé doit s'attendre à être jugé, & à voir la Religion vengée des coups mortels qu'il a pretendu lui porter.

Ici elle nous ordonne de découvrir l'imposture & de faire sentir à nos Juges combien elle a été meprisée, combien elle a été prostituée aux plus infâmes ordures : nous parlons à des Juges Chrêtiens, & pourront ils sans indignation voir cette Religion Sainte foulée aux pieds ? Elle a servi de voile à la lubricité & aux passions les plus brutales ; c'est ainsi qu'en feignant d'élever les Ames à la perfection, on les plonge dans les plus honteux desordres ? nous ne devons point reconnoître de moyens plus éficaces dans la séduction, par raport aux persones qu'on veut seduire.

En effet, si l'Accusé n'avoit eu à faire qu'à sa Penitente, il n'auroit pas eu besoin d'employer d'autres moyens que le Quietisme ; & le Sortilege, & ses effets n'ont été pour ainsi dire, que pour jetter de la poussiere aux yeux de ses Parens, pour les entretenir dans le dernier aveuglement ; mais le Quietisme pouvoit lui suffire pour satisfaire ses passions auprès de ses Devotes : Nous devons même reconnoître ici qu'une partie des faits prodigieux que nous avons vû s'operer en nôtre Sœur, ont pû être une suite du Quietisme le plus profond ; c'est ainsi que nous l'aprend le sçavant M. Bossuet Evêque de Meaux, dans sa relation sur cette Heresie pag 132. où il dit *les Possessions, les Obsessions & autres choses extraordinaires que l'Autheur* (en parlant de M. de Cambray dans ses maximes des Saints) *nous avoit donné comme apartenantes aux voyes interieures : On sçait à quoy les faux spirituels les font servir.* Cette idée seroit étoit assez conforme avec ce que Saint Epiphane nous dit des Carpocratiens & des Valentiniens qu'il accuse de Sortilege, parce qu'en effet, les obsessions étoient comme des marques assurées des progrès que l'on faisoit dans leur Doctrine; quoiqu'il en soit ces Héresies ont fait, dans plusieurs Siecles de l'Eglise, de grands maux. Il en parut une dans le second sous le nom d'Adamites, ainsi nommez selon Saint Augustin, *de hæres.* Chap. 31. parce que ces Miserables dans leurs Assemblées imitoient la nudité dans laquelle nos premiers Peres vêcurent pendant l'état d'innocence, & condamnoient le Mariage, par la raison qu'Adam ne connut Evé qu'après son peché; cela n'est point sans exemple dans cette affaire, le Mari de la Guiol en a ressenti les effets: Cette Héresie qui a toûjours eu des Fauteurs, puisque selon Saint Epiphane & Baronius elle flattoit tant les passions les plus favorites des hommes, fut suivie par quelques-uns des Sectateurs d'Origene qui la porterent jusqu'aux sensualitez que l'on a vûës depuis parmi les Molinozistes. Nous ne pouvons omettre ici une remarque du Pere Doucin dans son Histoire de l'Origenisme page 323. elle fournira une source de réflexions au discernement de nos Juges. *Tandis que les Contemplatifs sans étude donnoient inconsidérement dans toutes les chimeres d'Origene, d'autres plus éclairez qu'eux, mais aussi plus corrompus, en aperçurent les conséquences très favorables à leurs dereglemens; & de ce que la Chair n'étoit plus regardée que comme la Prison de l'Esprit, & nullement comme une partie de nous même sanctifiée par l'union qu'elle a avec Jesus-Christ, & destinée à regner avec lui dans la Gloire, ils conclurent que les soüillures de la Chair n'étoient pas capables d'ôter à l'Esprit sa pureté, ni le priver de la Grace du Createur. On voit assez à quelles abominations conduit ce detestable principe, qui forma dans l'Orient une seconde Secte d'Origenistes si décriés par leurs desordres .... Ce double Origenisme; l'un Charnel & l'autre Spirituel, a pour Témoin Saint Epiphane; ainsi on ne le prendra pas pour l'invention d'un Historien qui cherche dans les Siecles passez le Portrait de ce qui se voit dans le nôtre .... Si l'execrable Molinos, tout oposé qu'il étoit au Chaste Origene, n'a pas laissé de devenir comme lui le Chef d'une Hérésie Spirituelle, & d'une Heresie Charnelle, il ne faut pas s'en étonner; l'Hérésie la plus Spirituéle, pour peu qu'elle ait d'affinité avec la regle des mœurs, & du raport à la pratique, ouvre le chemin aux plus monstrueux desordres.*

Ces Hérétiques éclaterent en Italie sur la fin du troisiéme Siecle sous le nom de Fratricilli: Guillemette & sa Secte infâme parut dans le même tems, elle aviot si bien trompé le monde par les aparences d'une mixtique devotion, qu'elle mourut en Odeur de Sainteté & fut reverée comme une Sainte pendant un assez long tems après sa Mort. Les Turlupins se montrerent en France dans le 14e. Siecle; ils croyoient qu'il ne falloit invoquer Dieu que par l'Oraison Mentale; ils affectoient de grands airs de Spiritualité & de Devotion, afin de se mieux insinuer dans l'esprit des Femmes, & les faire tomber après dans les Piéges de leurs desirs impudiques. *Car voilà*, selon un Auteur Judicieux, *l'écueil de toutes les Sectes qui veulent se distinguer par des Paradoxes de Morale; aprofondissez les visions des Illuminés, des Quietistes, vous verrez que si quelque chose est capable de les demasquer, c'est la relation au plaisir Venerien, c'est l'endroit foible de la Place, c'est par là que l'Ennemi donne l'assaut, c'est un Ver qui ne meurt point & un feu qui ne s'éteint point.*

Personne n'ignore que Molinos bâtit sur tous ces differens plans; en un mot des Erreurs si commodes & si flatteuses à la corruption, ont toûjours eu des Sectateurs. Un des plus grands Evêques de l'Eglise de France n'avoit point été exempt du Spirituel de cette Héresie; sa soûmission aux décisions de l'Eglise l'en purifia d'une maniere bien glorieuse, & la Bulle d'Innocent XI. sembla donner le dernier coup à cette Hérésie.

Or nous trouvons dans les Lettres de l'Accusé une infinité d'expressions condamnées expressément dans cette Bulle, & dans sa Direction même, tout le grossier de cette Hérésie, nous voyons *dans toutes ses Penitentes cette cessation de Priere Vocale, cette union à Dieu par l'Esprit, ce rebut pour toutes sortes de bonnes pratiques, ces secheresses, ces arriditez, jointes pourtant avec les parties de plaisirs journalieres, tant à la Ville qu'à la Campagnes; tous les divertissemens que le monde sçait se permettre, cette union intime à Dieu qui doit suffire, & faire oublier la partie inferieure*; Enfin *cet oubli de soy même pour se laisser maîtriser à autruy*: Et tous les autres principes de ces Erreurs detestables d'autant plus dangereuses, qu'étant envelopées sous un dehors de Religion, elles sont plus capables de surprendre les Ames simples; car pour tout dire avec un Sçavant, *l'honneur des Femmes est au centre d'un cercle dont la circonference est bloquée de mille sortes d'Ennemis, c'est un but auquel on tend par toutes sortes de chemins & même par les apparences de la Devotion la plus mixtique & la plus illuminée.* C'est par *la transformation de toutes choses en Dieu, qui réduit le Createur & les Creatures à une espece de centre, une inaction éternelle quand l'Ame est transformée en l'essence de Dieu, qui lui fait oublier tout ce qui se passe dans son Corps & tout ce qu'on fait au tour d'elle.*

C'est par là qu'on tend à des fins charnelles: Voilà les principes qu'on a voulu canoniser; ce dessein de l'accusé est trop marqué dans toute la Procedure, pour que nous puissions le cacher. Les Letres de la Demoiselle Cadiere, ses Mémoires, ceux que le Pere Girard avoit fait écrire aux Religieuses d'Ollioules devoient servir à son grand dessein; il éclate trop dans cette affaire, on ne peut s'y méprendre, & sa vanité s'y montre dans son plus grand jour. Les revelations de la Demoiselle Cadiere prouvoient la Sainteté de la Sœur de Remusat, & les Memoires de la Dame de Lescot auroient été d'une grande authenticité pour celle de la Demoiselle Cadiere; il étoit naturel de faire rejaillir l'un & l'autre sur le Directeur: C'est ainsi qu'avec l'écorce & les dehors de la Religion on en foule aux pieds l'essence, & ce qu'elle a de plus sacré, & qu'on va même jusqu'à la mépriser soverainement: L'Accusé ne peut s'en défendre, faut-il l'en convaincre lui-même?

Il dit dans sa réponse au 46e. Interrogat de n'avoir pas ajoûté beaucoup de foy aux états extraordinaires de cette Fille: il veut nous dire ici qu'il doutoit (car ses réponses nous presentent une foule de contradictions qui démasquent le crime) lors même qu'elle étoit encore à Toulon; eh! quoy dans ce doute, en l'abusant elle-même, en l'entretenant dans ses prestiges, il la fait communier tous les jours, il la donne à ses Parens & au public pour une Sainte & un Ange vivant, il dit à l'Abbesse d'Ollioules *que ce n'est pas une Ame commune, & que nôtre Seigneur a une predilection singuliere pour elle, & lui démande de vouloir bien lui accorder la Sainte Communion pour tous les jours.* Quelles abominations! Quel mepris pour le plus auguste Sacrement de la Religion! Venez vous même Grand Dieu, vanger vôtre Cause.

C'est ici sans doute, où des Juges aussi Religieux que les nôtres armeront leur zele & leur pieté; ce ne sera pas inutilement que le Roy, Fils Aîné de l'Eglise & le premier Défenseur de la Religion, les aura fait dépositaires de sa Puissance, & leur aura mis en main son Glaive vengeur de tant de profanations. C'est à Vous, MESSIEURS, à chasser de la Maison du Seigneur ceux qui l'ont deshonorée & qui ont foulé aux pieds ce qu'elle a de plus sacré & de plus redoutable; c'est à déraciner des principes si détestables & si marquez dans cette Procedure, qu'un zele veritablement Chrêtien doit s'attacher; Vos lumieres vous conduiront aisément à la source du mal: La Bule d'Innocent XI. vous presente la condamnation expresse des sentimens de l'Accusé, & de l'usage qu'il en a fait. La Justice Royale dont Vous êtes les fideles Ministres, doit reprimer cette double Héresie dont les menaces & les simples châtimens de l'Eglise qui abhorre le sang ; n'ont pû arrêter le cours. Percez le Mur du merveilleux & du surnaturel dont la veritable cause du mal paroît être environnée ; *& videbitis abominationes majores .... & omnia commista sunt, sanguis, homicidium, furtum & fictio, corruptio .... per jurium, tumultus bonorum, Dei immemoratio, animarum inquinatio, nativitatis immutatio, nuptiarum inconstantia, inordinatio machia & impudicitia.*

Les faits prodigieux & surnaturels peuvent avoir une cause seconde qu'on peut detacher du premier principe, qui n'en subsiste pas moins. Le Pere Girard n'est pas Sorcier, donc il est innocent : Quel sophisme ! A-t'on jamais plus grossierement insulté au discernement des Juges ? Eh quoi ! Quand même le Sortilege n'auroit pas été un moyen pour parvenir au crime phisique, le delit en sera-t'il moins constaté ? Et seroit-il moins demontré ? Sa premiere cause, c'est-à-dire le Quietisme, ne sautera t'il pas toûjours aux yeux de quiconque ne voudra pas les fermer à la lumiere? Peut-être même est-ce là l'unique source de tous ces faits extraordinaires.

D'ailleurs, à des traits si marquez pourroit-on meconnoître l'auteur de la fourberie ? N'est-ce donc pas surabondamment que nous avons montré le ridicule de ce Complot ? Peut-on y penser dans une Accusation où le Coupable se montre si évidemment par ses propres avûs ; dont les defenses ne sont fondées que sur un tas de contradictions ; où l'on declare une guerre ouverte à la raison & au sens commun ; où l'on insulte au discernement des Juges, & où on abuse sans ménagement de la credulité publique ? Et n'est ce pas vouloir la revolter, que d'oser imputer une calomnie si noire à un jeune Ecclesiastique, qui est ordonné Prêtre dans le tems que cette malheureuse affaire a éclaté, dont la candeur est si bien reconnuë, & marquée même tous les jours à des traits d'une simplicité si precieuse aux yeux de Dieu ? Quoi donc ! Un homme de ce caractere sera soupçonné d'être entré dans un Complot où il ne s'agissoit de rien moins que d'en imposer à toute une Ville, & de suborner plus de quatre-vingt Temoins contre un Jesuite ? C'en est trop : Ce seroit vouloir tomber dans un excès contraire à celui que nous reprochons à nos Adversaires ; nous devons nous en reposer sur l'équité de nos Juges.

Mais si ce Complot est chimerique, si l'on n'y voit aucune lueur de possibilité, quelles charges peut on trouver contre Messire Cadiere ? Il a fait des Exorcismes; mais les a-t'il faits sans fondement? N'a-t'il pas pû croire qu'il étoit au cas d'en faire ? L'exemple & la permission de son Pasteur ne le justifient-ils pas pleinement ? Il n'étoit pas dans toute la decence requise ; mais sa foy aux pratiques constantes de l'Eglise, n'y suplée-t'elle pas ? Le pressant besoin, la charité fraternelle pouvoient-ils souffrir le moindre retardement ? Et n'est-ce pas là plûtôt une demonstration entiere de son innocence ?

Il a copié les Lettres de sa Sœur ; mais l'aveuglement où il étoit, l'idée qu'il avoit de la sainteté du Directeur & de la Penitente, pouvoient-ils lui permettre de former le moindre soupçon ? Sa credulité & sa candeur font donc tout son crime : L'une & l'autre l'ont fait tomber dans l'aveuglement où l'Accusé avoit jetté toute sa Famille ; aveuglement qui ne doit point surprendre. Rien n'est en effet plus ordinaire que de voir les personnes les plus interessées tranquiles, & aveugles même sur le desordre de l'interieur de leur Maison : *Solemus mala domûs nostræ scire novissimi, ac Liberorum, ac Conjugum vitia, vicinis canentibus, ignorare.*

L'Histoire de tous les tems en fourmillie d'exemples les plus éclatans. Que sera-ce si à cette ignorance commune on joint les moyens extraordinaires dont l'Accusé se servit pour éblouïr les Parens de cette Fille ? Ces prestiges, ces illusions qu'il leur donnoit pous des Miracles & des operations de la grace, les entretenoient dans un étourdissement duquel ils croyoient ne pouvoir revenir, sans resister aux decrets éternels. Telle est la source de leurs malheurs.

Ils ne les forceront jamais à adopter ce Principe d'un Philosophe Grec, qu'il ne faut sacrifier aux Dieux que lorsqu'ils nous sont favorables ; Principe qui n'est que trop suivi dans certains Corps de l'Eglise. Non, MESSIEURS, leur soûmission redouble, & ils esperent de vôtre équité & de vôtre amour pour la Religion, que Vous n'abandonnerez pas la Cause de Dieu, & celle de l'innocent.

Qu'il nous soit permis en finissant de les presenter à la Cour, comme l'objet le plus digne de sa protection. Nous ne pretendons pas exciter en Elle une lâche compassion qui aveugle le Jugement dont la foiblesse est une suite ordinaire : Non, MESSIEURS, c'est une compassion digne de vos grands cœurs, & qui est inseparable de la Justice. Nous mettons à vos pieds une Famille, à la probité de laquelle ses ennemis n'ont eu rien à reprocher, plongée dans un abîme d'infortunes ; une Mere qui dans sa viduité se voit couverte d'opprobres, qui gemit sous l'opression la plus cruelle de la part d'un Tribunal Ecclesiastique dont elle a ressenti toute l'injustice ; dont la Fille unique, objet de ses complaisances, a été sur le point de devenir l'innocente victime d'une infamie éternelle ; des Enfans qu'elle avoit vûs avec une sainte joye s'enrôler dans la Milice du Seigneur, cruellement calomniez ; sa Maison entiere comme *environnée de turpitude & de honte*, pour avoir été le joüet de l'imposture, de la fourbe & de l'impieté.

Joignons à de si touchantes calamitez la douleur qu'elle a de se voir exposée à la perte du Patrimoine de ses Enfans, qu'un sage Epoux lui avoit confié, & que sa prudence & son Economie leur avoit conservé. Voilà sans doute un objet bien digne de la généreuse compassion de la Cour : Un plus grand encore doit armer son zéle & l'animer d'une sainte colere ; c'est l'horrible prophanation de ce que la Religion a de plus sacré, & de ses plus augustes Sacremens, dont la tolerance ne pourroit que lui porter un coup mortel. C'est à Elle à venger la Cause du Seigneur : L'Eglise ne peut souffrir aucun tort du crime de ses Ministres ; l'impunité seule peut la blesser mortellement. C'est à Vous, MESSIEURS, à l'en défendre : Sa Cause a-t'elle besoin de recommandation auprès de Vous ? Il nous suffit de Vous avoir montré l'interêt qu'elle y prend.

C'est à Vous, MESSIEURS, à assurer la tranquilité & l'honneur des Familles & des Sujets du Prince, mais sur tout à ranimer la confiance des Fidéles prête à s'éteindre pour le Sacrement de la Penitence. Ah ! Bientôt cette Piscine salutaire ne seroit plus regardée de la part du Sexe que comme un bourbier affreux, dont il ne pourroit plus s'aprocher sans craindre d'être plongé dans les plus honteuses ordures. Ce Sacrement, gage precieux de la Redemption du Genre-Humain, moyen unique de la reconciliation du Pécheur avec son Dieu, seroit envisagé comme un piége dangereux à la chasteté des Vierges chrêtiennes. Nous n'en avons eu des exemples que trop sensibles : La Bulle de Paul V. en 1608. contre les Directeurs vicieux qui abusent de ce Sacrement, en est un temoignage trop éclatant : Pouvons-nous, MESSIEURS, Vous proposer des moyens plus touchans ?

Enfin, c'est à Vous à discerner l'innocent du coupable, & à le délivrer de l'opression. Vous nous aprenez tous les jours qu'on ne doit point donner aux affligez de nouvelles afflictions : Les malheurs de la Famille de Messire Cadiere sont trop grands, pour que son infortune particuliere doive encore y mettre le comble. Il espere avec une juste confiance que ce Parlement, de tout tems Protecteur de l'oprimé, ne reconnoîtra pour guide dans ce Jugement que la verité ; que le credit & la faveur n'auront aucun accès auprès de lui ; & que l'innocence seule y trouvera un salutaire azile.

Conclud comme en plaidant, demande plus grands dépens & pertinemment.

FRANÇOIS CADIERE.

BOURGAREL, Avocat.

SIMON, Procureur.

www.ingramcontent.com/pod-product-compliance
Lightning Source LLC
LaVergne TN
LVHW011956160826
845678LV00002B/575

* 9 7 8 2 3 2 9 6 7 3 0 2 8 *